XINXING ZHIHUI CHENGSHI JIANSHE TOURU DUI SHANGHAI JINGJI ZHUANXING DE YINGXIANG
—JIYU QUYU CGE MONI FENXI

新型智慧城市建设投入对上海经济转型的影响

——基于区域CGE模拟分析

徐鑫 著

中国财经出版传媒集团

经济科学出版社
Economic Science Press

图书在版编目（CIP）数据

新型智慧城市建设投入对上海经济转型的影响：基于区域CGE模拟分析/徐鑫著．—北京：经济科学出版社，2020.10
ISBN 978-7-5218-1878-9

Ⅰ.①新… Ⅱ.①徐… Ⅲ.①现代化城市-城市建设-影响-区域经济-转型经济-研究-上海 Ⅳ.①F299.2 ②F127.51

中国版本图书馆CIP数据核字（2020）第175087号

责任编辑：申先菊　赵　悦
责任校对：齐　杰
责任印制：邱　天

新型智慧城市建设投入对上海经济转型的影响
——基于区域CGE模拟分析
徐　鑫　著
经济科学出版社出版、发行　新华书店经销
社址：北京市海淀区阜成路甲28号　邮编：100142
总编部电话：010-88191217　发行部电话：010-88191522
网址：www.esp.com.cn
电子邮箱：esp@esp.com.cn
天猫网店：经济科学出版社旗舰店
网址：http://jjkxcbs.tmall.com
北京季蜂印刷有限公司印装
710×1000　16开　12.75印张　200000字
2020年10月第1版　2020年10月第1次印刷
ISBN 978-7-5218-1878-9　定价：58.00元
（图书出现印装问题，本社负责调换。电话：010-88191510）

前　言

近年来，上海经济转型问题引起了广泛关注。面向“十四五”，在新冠肺炎疫情防控常态化和国内双循环相促进的背景下，上海迫切需要加快新旧动能转换，引领新一轮科技创新和产业变革，提高经济发展质量。上海作为中国最大的经济中心，经济发展虽然取得巨大成就，但也存在产业结构不协调、需求结构失衡、资源利用效率较低等问题。因此，上海作为改革开放排头兵、创新转型先行者，明确提出“创新驱动、转型发展”的发展战略，以科技创新驱动经济转型，推动经济高质量发展，争取将上海经济转型的方法和经验探索对全国其他城市的经济转型产生示范带动作用。

新型智慧城市建设成为促进经济高质量发展的重要途径。自上海在“十二五”规划第7章专门提出建设智慧城市以来，各级政府、园区、企业等纷纷提出建设智慧城市、智慧园区、智慧商圈等，智慧城市建设在上海遍地开花。历经十年发展，上海智慧城市建设取得丰硕成果。2020年2月，上海发布《进一步加快智慧城市建设的若干意见》，明确提出建成全球新型智慧城市排头兵，国际数字经济网络枢纽。因此，研究智慧城市建设对上海经济转型的影响具有十分重要的现实意义，研究视角具有一定的创新性。

本书采用区域CGE模型作为分析新型智慧城市建设问题的框架，将对经济转型的影响纳入模型之中，方法具有科学性和系统性。CGE 模型是以一般均衡理论为基础，同时考虑不同市场和最优化行为的多个经济主体之间，经济主体与市场之间相互联系的机理性模型，是经济运行系统的“快照”，具有坚实的微观经济理论基础。同其他的分析工具相比，它最大的特点就是将国民经济各组成部分和经济循环的各个环节都纳入统一框架，并以此为依据分析外部冲击发生后，经济运行系统各部分经过不断反馈和相互作用后达到的新均衡状态。

本书按照逻辑结构关系分为三个部分，第一部分是问题提出，第二部分是问题分析和模型构建，第三部分是模拟结果分析。

第一部分由第 1、第 2 章组成。本部分确定研究问题和研究方法，以及围绕研究问题和研究方法所作的研究背景文献综述。本书从上海 GDP 增长、产业结构分析、资源消耗弹性等数据分析，表明上海经济转型的紧迫性，从全球智慧城市建设的角度说明新型智慧城市建设的必要性，进而说明研究问题的价值和意义。然后围绕研究问题和研究方法进行梳理分析，使得本书的研究有了坚实的学术基础，从而分析现有研究的不足，提出本书的研究视角和切入点。

第二部分由第 3、第 4、第 5、第 6 章组成。重点分析了新型智慧城市与经济转型的作用机理，并结合研究问题构建动态区域 CGE 模型，包括模型方程体系、基础数据组织、参数的估计与标定等。第 3 章从新一代信息基础设施、新型智慧应用、新一点信息技术产业的角度分析新型智慧城市影响经济转型的作用机理，新一代信息基础设施建设投入主要包含投资乘数效应、溢出效应和网络效应，新型智慧应用投入主要包含融合效应、就业效应和低碳效应，新一代信息技术产业的主导产业扩散效应和产业融合机制。同时，将新型智慧城市建设的效应分析研究归宿到产业结构、劳动报酬、资源效率等经济转型指标中。第 4 章则根据研究内容归纳出 ET－CGE 模型特点，构建模型方程体系，并结合上海经济实际设定宏观闭合。第5章组织基础数据，以上海2017年投入产出延长表为基础，构建2017年上海市宏微观SAM表并延伸到2019年。第6章对模型中的参数进行估计和标定。

第三部分由第7、第8、第9章组成。本部分从新一代信息基础设施、新型智慧应用、新一代信息技术产业三个角度模拟政策冲击对经济转型效果的影响，并进行定量分析。第7章主要是以新基建背景下新增5G、数据中心等信息基础设施投资规模为依据，模拟信息基础设施投资增加对经济转型的量化模拟分析；同时，模拟信息通信业税收补贴对经济转型的定量分析。第8章主要是以上海智慧应用引导资金和直接财政支出为依据，模拟智慧应用引导资金和政府直接财政支出对经济转型的定量模拟分析。第9章主要是模拟信息产业专项资金和生产要素价格上涨对经济转型的影响。

本书的主要研究结论如下：

一、增加信息基础设施投资对经济转型影响具有滞后性，上海属于发达地区，短期内投资乘数效应有一定作用，但是信息基础设施的网络效应和溢出效应的释放需要一定周期；信息通信业税收补贴直接带动信息基础设施建设，有利于产业升级、提高资源利用效率，促进上海经济转型。

二、增加智慧应用引导资金对经济转型具有积极的促进作用，且长期来看，具有明显的溢出效应，特别是产业结构高级化和资源利用效率提升；政府增加智慧应用财政支出有利于城市大脑、城市神经网络建设，促进产业结构升级，推动经济高质量发展。

三、信息产业专项资金对经济转型具有显著的正向促进作用。特别是直接带动信息产业增长，更多发挥专项资金的创新效应；劳动力价格长期上涨导致企业成本大幅上升，对经济转型产生非常不利的影响。

本书的主要创新点主要体现在四个方面：

一、归纳出智慧城市的内涵与主体框架。国内外新型智慧城市建设处于起步阶段，相关的文献研究比较少，学术性的研究更是鲜见。本书深入探索国内外智慧城市建设的理论研究与发展现状，基于以前的研究成果，提出新型智慧城市的内涵、特征以及建设框架，从新一代信息基础设施、新型智慧应用、新一代信息技术产业三个角度研究智慧城市。由于智慧城市建设大多是以政府为主导，因此研究智慧城市建设相关政策的模拟分析具有可行性和创新性。

二、构建了智慧城市建设问题的 CGE 模型框架。从目前的文献研究来看，研究信息技术与经济发展的文献较多，方法各不相同，但从宏观经济运行视角采用 CGE 模型研究智慧城市问题尚不多见。本书基于上海新型智慧城市建设方案和现实，以经济转型为研究归宿，将智慧城市建设问题纳入 CGE 模型分析框架，结合研究问题和假设选择合适的函数和宏观闭合，构建基于智慧城市建设问题的上海 SAM 表，根据数据可得性和问题适应性，选择 EGRAS 方法估计弹性参数并进行对比分析，采用校准方法估计其他模型参数，确定参数的合理性。本书构建的 ET – CGE 模型方法可用于后续关于智慧城市问题研究。

三、模拟转变经济发展方式背景下研究智慧城市建设的影响。本书结合现有文献和相关政策文件，研究转变经济发展方式的衡量标准作为经济转型 3.0 的指标。并将经济转型分为三个阶段：第一阶段是计划经济向市场经济转轨；第二阶段是加入 WTO，融入全球市场；第三阶段是转变经济发展方式。目前的 CGE 模拟研究中，大多是以经济增长、劳动报酬等为研究对象，而以经济转型为研究归宿的比较鲜见。模拟研究智慧城市建设相关政策与经济转型的定量关系是一次探索性尝试。

四、研究政策冲击对经济转型要素的量化结果。本书通过模型修正和 SAM 表的部门划分，对经济转型要素相关的产业结构升级、消费驱动经济发展、资源利用效率提升等问题进行定量模拟，分析不同政策冲击条件下，经济转型各要素产生的定量影响以及其中数量关系、数量特征。与现有的经济转型研究相比，给予的定量结果更具客观性和可观察性。

目 录
CONTENTS

第 1 章

绪　　论

新冠肺炎疫情发生以来，智慧城市在疫情研判、联防联控、传播追踪、资源调配等方面发挥重要作用。疫情像一块试金石，检视智慧城市发展成果，也促进智慧城市建设理念更新，智慧城市研究进入新的阶段。上海正处在走进“十四五”的关键时期，重新审视、深刻理解、科学描绘新型智慧城市发展规律，研究智慧城市相关投入对经济高质量发展的作用，显得尤为重要。本书选取可计算一般均衡模型（computable general equilibrium，CGE）作为量化分析方法，从新一代信息基础设施、信息感知与智能应用、信息技术产业三个维度研究新型智慧城市建设投入对上海经济转型的影响。

1.1　研究背景

1.1.1　新型智慧城市时代来临

为对冲新冠肺炎疫情的冲击，国家大力推进以 5G、人工智能、物联网为代表的新型基础设施建设（简称“新基建”），为智慧城市建设注入新动力。新一代信息技术浪潮，犹如兴奋剂，刺激城市经济、治理、民生等各个领域的应用升级迭代，重构智慧城市的发展逻辑。重构分为两个层面：一是技术重构，重构网络链接、应用生态和数据价值；二是战略重构，重构发展理念、规划方法和运营模式。“新基建”孕育新动能，掀起新一轮智慧城市建设热潮。

新型智慧城市是万物互联、数据驱动、融合创新的智慧城市。从发展理念来看，更加注重城市发展“韧性”，提升面对重大事件冲击的自适应能力。从顶层设计来看，更加强调“一张蓝图绘到底”，向科学规划要效益。从运营模式来看，更加强调市场主导、政府引导的机制建设，激发社会力量参与热情。从影响程度来看，新型智慧城市不是网络、应用、数据的简单叠加，而是重构产生的巨大的乘数效应。

上海加快推进新型智慧城市建设，促进城市转型发展。2020 年 2 月，上海市政府发布《关于进一步加快智慧城市建设的若干意见》。目标到 2022 年，将上海建设成为全球新型智慧城市的排头兵，国际数字经济网络的重要枢纽。成为引领全国智慧社会、智慧政府发展的先行者，智慧美好生活的创新城市。

新型智慧城市建设更多发挥政府引导、市场主导的建设运营机制，汇聚社会多方力量共同参与。政府定位是信息基础设施建设推动者、公共服务平台建设主导者、智慧应用生态建设引导者。传统的智慧城市建设由政府主导、政府投资、政府运营，在夯实基础阶段和政府治理为主阶段，是符合智慧城市发展规律和历史特征的。但是，随着 5G、人工智能等新一代信息技术成为新型智慧城市的核心驱动力，深度渗透到城市发展的经济、生活、医疗、养老等各个方面，需要不同的运作模式，特别是政府引导、企业参与的建设运营模式，形成“春色满园关不住，智慧之花遍地开”的智慧应用生态。

1.1.2 上海面临新一轮经济转型

上海推动新一轮经济转型既有得天独厚的条件，也有迫切的现实需求。“十二五”以来，上海坚持“创新驱动、转型发展”主线，培育新技术、新产业、新模式、新业态作为经济新动能，初步形成以现代服务业为主体、战略新兴产业为引领、现代制造业为支撑的现代产业体系。从动力机制来看，经济增长动力结构从以制造业增长驱动转变为以服务业增长驱动。2010 年制造业增长率 16.8%，服务业增长率 5%。2019 年制造业增长率 0.5%，服务业增长率 8.2%。从产业结构来看，第三产业成为主导产业。2019 年服务业增加值占 GDP 比重达 72.7%，生产性服务业增加值占服务业比重达 65.8%，与发达国家服务业“两个 70%”（服务业占 GDP 比重 70%，生产性服务业占服务业比重 70%）标准比较接近。从创新转型来看，上海战略新兴产业占比 16.1%，取得一定进展，但是与杭州、深圳等相比，仍有较大差距（见图 1.1 至图 1.3）。①

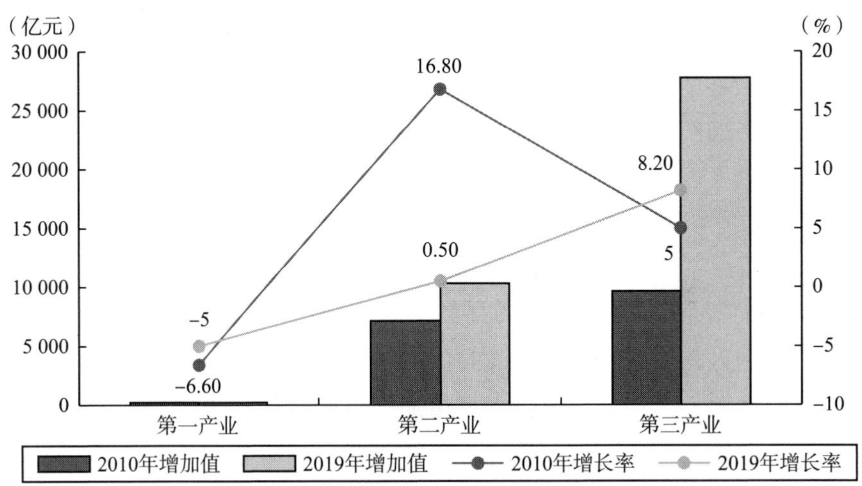

图 1.1 上海经济发展新动能转变

资料来源：上海市统计局网站，http：//tjj. sh. gov. cn.

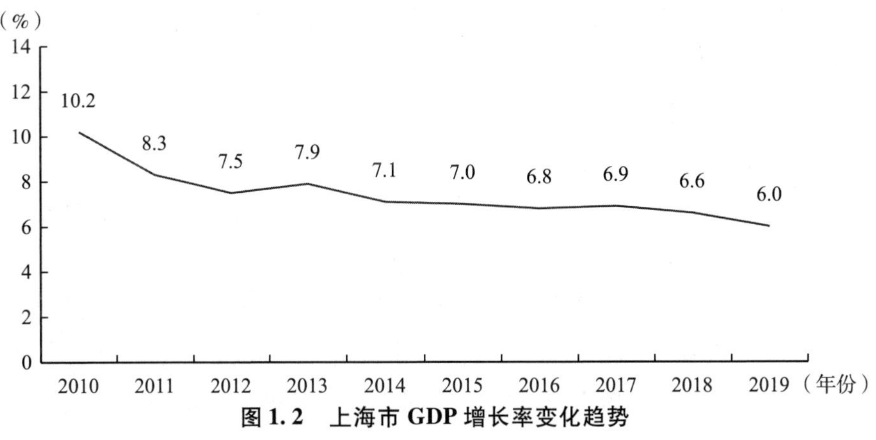

图 1.2 上海市 GDP 增长率变化趋势

资料来源：上海市统计局网站，http：//tjj. sh. gov. cn.

① 资料来源：上海统计局网站，http：//tjj. sh. gov. cn.

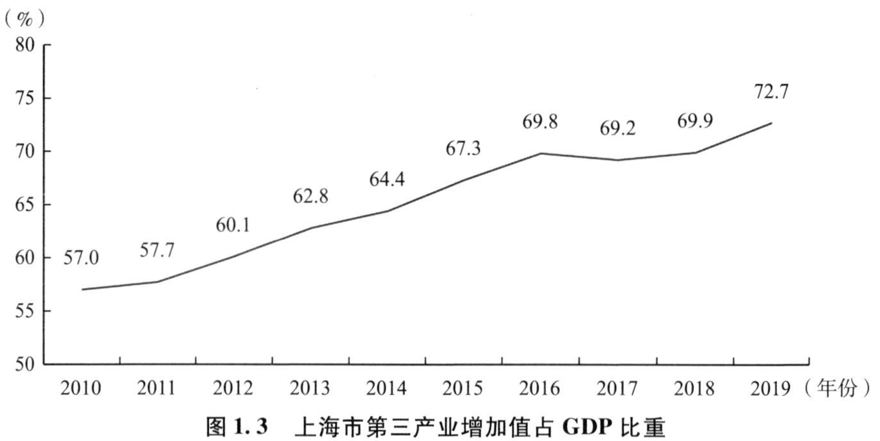

图 1.3　上海市第三产业增加值占 GDP 比重

资料来源：上海市统计局网站，http：//tjj. sh. gov. cn.

面向“十四五”，上海迫切需要转换新动能的动力结构，推进新一轮经济转型。上海人均 GDP 从 2010 年 1. 08 万美元上升至 2019 年 2. 28 万美元，属于初等发达国家水平。新冠肺炎疫情加剧逆全球化暗流涌动，新一轮科技革命和产业变革加速，上海面临经济增速换挡、战略新兴产业不足、能源消耗反弹等问题，进一步推进新旧动能转换压力加剧。突出表现为：①经济增长放缓。从 2010 年 GDP 增速 10. 2%，下滑至 2019 年 6%。2020 年受新冠肺炎疫情影响，GDP 增速将进一步放缓，一季度上海 GDP 增长率为 -6. 7%。②新旧动能转换不足。汽车制造、电子信息等支柱产业增长乏力，人工智能、集成电路、数字经济等新兴产业规模不足，难以支撑经济稳定增长。③能源消耗反弹。上海能源消耗弹性出现大幅反弹，由 2010 年的 0. 69 下降到 2015 年的 0. 14，又反弹至 2018 年的 0. 5。上海的经济发展日益受到商务成本上升、资源环境约束等瓶颈，迫切需要推进新一轮经济转型发展。放眼全球，纽约、伦敦、东京等国际主要城市积极推进新旧动能转换，始终占据全球城市创新能力前列。纽约推行多元化经济战略，伦敦打造“欧洲 AI 之都”，东京致力于新兴技术的原始创新等，其中智慧城市建设是国际典型城市推进创新转型的重要抓手（见图 1. 4）。

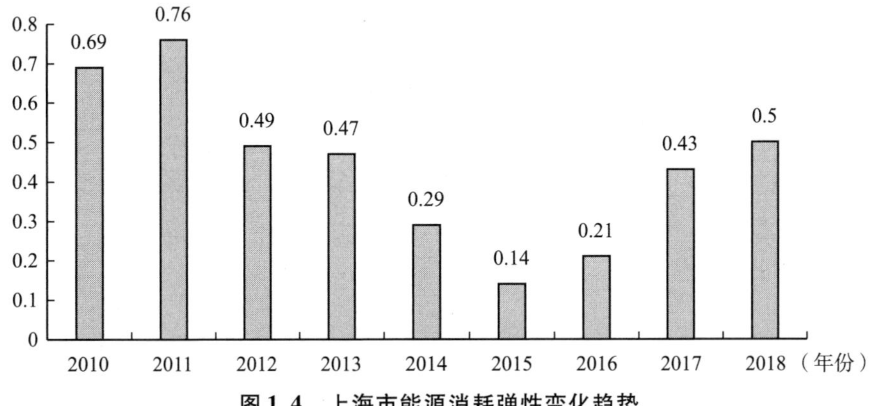

图1.4 上海市能源消耗弹性变化趋势

资料来源：上海市统计局网站，http：//tjj. sh. gov. cn.

1.1.3 智慧城市促进经济转型日益受到关注

新型智慧城市建设成为支撑上海经济转型发展的重要手段。据世界银行测算，一个百万人口以上的城市开展智慧城市建设，将增加城市发展红利2.5～3倍。2015年新型智慧城市被提出，智慧城市发展方式向“去粗取精”转变，不再追求智慧城市规模，而是更加追求智慧城市质量。“十四五”期间，上海大力推进“新基建”，加大5G、物联网、工业互联网等新一代信息基础设施投资，建设具有国际竞争力的信息基础设施；通过引导资金和政府采购等财政政策，广泛吸引社会资金，推进智慧应用建设；积极推行合理的税收政策，引导新一代信息技术产业发展。然而，如何衡量智慧城市建设投入对经济转型的作用，特别是以量化的方法衡量新型智慧城市建设政策对上海经济转型发展的影响，成为政府决策者十分关注的内容。

近年来，研究信息技术与经济发展之间相关性研究并不鲜见，而上升到智慧城市与经济转型的角度研究却寥寥无几。由于新型智慧城市建设涉及增加投资、转移支付、财税政策等内容，科学评价新型智慧城市建设投入对上海经济转型的影响，有利于进一步明确上海新型智慧城市建设的政策导向和资源投入方向，具有重要的理论意义和现实意义。

1.2 研究意义

1.2.1 现实意义

“十四五”期间，智慧城市建设大踏步进入以5G、人工智能等新一代信息技术驱动的新型智慧城市时代。新型智慧城市建设面临“两个转变”，从满足城市发展诉求向引领城市发展转变，从“智力”建设向“能力”建设转变。从城市诉求来看，智慧经济将引领上海经济转型，智慧治理将引领城市治理变革，智慧民生将引领市民品质生活。从技术驱动来看，人工智能、大数据、5G等新一代信息技术应用，使得智慧城市发展内涵发生巨大转变。

新型智慧城市建设和经济高质量发展（经济转型）都属于上海“十四五”期间的焦点问题，智慧城市建设作为经济社会发展的重要手段，智慧城市建设投资、税收等相关政策对上海经济发展转型将产生重要影响，成为政府决策者、企业经营者关心的热点问题。目前全球智慧城市建设逐步展开，国内许多城市纷纷提出智慧城市建设，5G、物联网、人工智能等技术日益成熟，研究上海智慧城市建设相关政策冲击对经济转型的影响，不仅对上海具有现实意义，对整个中国的智慧城市建设也有一定的借鉴。

综上所述，本书研究的现实意义在于三点：第一，上海经济高质量发展是“十四五”期间的焦点问题，关系到上海进一步加快新旧动能转换和可持续发展。研究如何衡量新一轮经济转型、推动经济转型具有现实意义。第二，上海推出新型智慧城市建设方案，研究智慧城市建设政策对上海经济转型的影响，对上海市政府相关决策的科学性有一定的参考意义。第三，上海作为改革开放排头兵、创新转型先行者，科学布局新型智慧城市建设，促进经济高质量发展，细化研究上海新型智慧城市建设投入与经济转型的关系对全国其他城市和地区具有重要借鉴意义。

1.2.2 理论意义

智慧城市理论研究滞后于智慧城市实践，研究维度各不相同。以同济大学吴志强院士为代表，从城市规划角度研究智慧城市；以诸大建教授为代表，从可持续发展角度研究智慧城市；以复旦大学凌鸿教授为代表，从信息技术角度研究智慧城市。因此，综合智慧城市研究的多维视角、多方智慧，有利于智慧城市的全面、系统、创新研究。

本书界定新型智慧城市内涵和主要研究内容，研究经济转型的阶段性和衡量方法，从新的视角对智慧城市和经济转型问题做了较为完整的归纳总结。智慧城市建设是一个较新的问题，应用型的研究相对较多，相关的理论研究比较薄弱。而经济转型问题研究的视角各异，在转变经济发展方式的大背景下，经济转型赋予了新的内涵，已有的经济转型研究具有一定的滞后性。因此研究智慧城市与经济转型的内涵、衡量方法等内容具有一定的理论意义。

本书细化智慧城市与经济转型之间的作用机制和逻辑关系，对当前信息技术与经济发展相关理论进行梳理和发展。传统的研究侧重于信息技术投资、信息化、信息产业等角度，本书在5G、人工智能等新一代信息技术迅猛发展的背景下，从信息基础设施、信息感知与智能应用、信息产业三个维度研究新型智慧城市与经济转型的因果关系和内在逻辑，是对传统理论研究的进一步深化。

本书构建了一个用于新型智慧城市建设与经济转型相关性问题的 CGE 模型框架，拓展了 CGE 模型的应用领域。当前 CGE 模型应用在智慧城市和经济转型领域较为鲜见，本书将 CGE 模型进行调整应用于新型智慧城市与经济转型领域，构建新型智慧城市影响经济转型的区域 CGE 模型、编制区域 SAM 表、估计相关参数，并分析新型智慧城市建设的三个主要方面对经济系统均衡的影响，并以产业升级、劳动报酬、资源效率等作为衡量经济转型指标，系统性地研究新型智慧城市与上海经济转型之间的关系，丰富了 CGE 模型在这一领域的研究。

1.3 研究思路与方法

1.3.1 研究方法

本书选用CGE模型分析新型智慧城市建设投入对上海经济转型的影响。CGE模型是一种机理性模型，具有坚实的经济理论基础，从问题角度分析新型智慧城市建设对经济转型的影响具有坚实的理论基础。CGE模型兼容投入产出法、线性规划法等多种模型的方法，将国民经济各组成部分和经济循环的各个环节纳入统一框架下，能对整个经济运行系统进行有效模拟仿真，并为政策效应分析提供涵盖总量与结构的均衡分析，而且可以与其他模型相互结合，模拟政策、经济环境等冲击对各国民经济部门产生的结构性影响，分析外部冲击产生后，经济体各组成部分经过不断反馈和相互作用后达到的最终均衡状态。因此，与其他经济模型相比，CGE模型在从宏观经济视角分析新型智慧城市与经济转型的相关性问题具有一定优势。

CGE模型是研究经济复杂系统的一个有效工具。在一般均衡的分析框架下，CGE模型充分运用市场和经济主体之间的交易信息来捕捉不同市场之间、不同经济主体之间，以及经济主体与市场之间的复杂联系和相互作用的传导、反馈机制。CGE模型作为机理性模型，与其他模型相比，统计机理最弱但理论机理最强的模型（Petersen，1998）。典型的CGE模型一般与标准的新古典微观经济理论密切联系，把基于微观经济学的各种经济主体行为描述纳入一个系统框架内（Borges，1986）。

1.3.2 研究思路

本书根据新型智慧城市建设框架，细化为新一代信息基础设施、信息感知与智能应用（简称“新型智慧应用”）、信息技术产业三个维度，模拟不同维度的政策冲击对上海经济运行系统的影响，达到新的经济均衡，并通过产业结构、消费驱动、资源消耗等三个主要指标，衡量新的均衡是否到转型目的，或者促进经济系统向高质量增长迈进（见图1.5）。

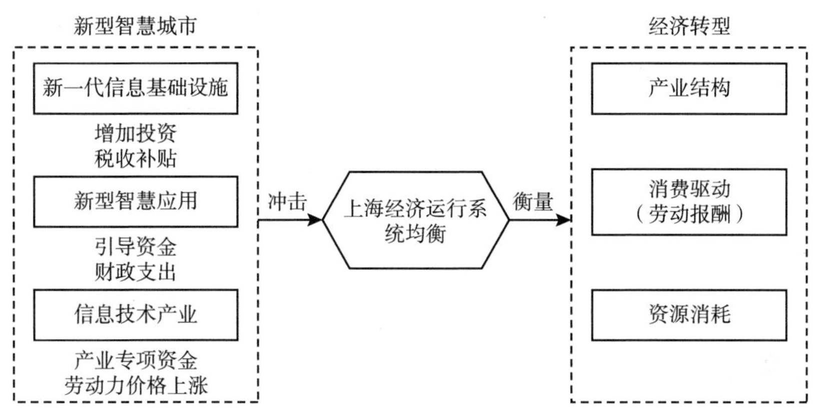

图1.5 本书研究思路

1.3.3 结构安排

本书研究从文献综述、问题逻辑、模型构建和模拟分析四大部分展开。第一部分先从文献综述入手，分别新型智慧城市建设与经济转型相关理论研究现状，提出问题研究的切入点。第二部分研究新型智慧城市与经济转型的作用机理，从新一代信息基础设施、新型智慧应用、信息技术产业三个维度研究新型智慧城市与经济转型相关内容的逻辑关系和作用机制。第三部分根据研究问题选定合适的CGE模型框架，构建上海经济转型社会核算矩阵（social accounting matrix，SAM）表，选取改进的广义RAS方法（the enhanced generalized RAS－method，EGRAS）进行参数估计。第四部分从新一代信息基础设施、新型智慧应用、信息技术产业三个方面的投资、财税支出等相关政策模拟冲击，量化分析新型智慧城市建设投入对上海经济转型涉及的产业结构、消费驱动、资源利用等问题的影响（见图1.6）。

文章结构
主要研究内容
文章结构
第1章 绪论
文献研究
智慧城市的内涵
经济转型的衡量
区域CGE模型
第2章 文献综述
问题逻辑
信息基础设施与经济转型
智能应用与经济转型
信息产业与经济转型
第3章 新型智慧城市建设影响经济转型的作用机理
模型构建
CGE模型方程体系
SAM表构建
参数估计
第4章 上海ET-CGE模型方程体系构建
第5章 上海ET-CGE模型的数据基础
第6章 上海ET-CGE模型的参数估计
模拟分析
信息基础设施与经济转型模拟分析
智能应用与经济转型模拟分析
信息产业与经济转型模拟分析
第7章 信息基础设施投入的模拟分析
第8章 智慧应用投入的模拟分析
第9章 信息产业政策的模拟分析
第10章 总结与展望

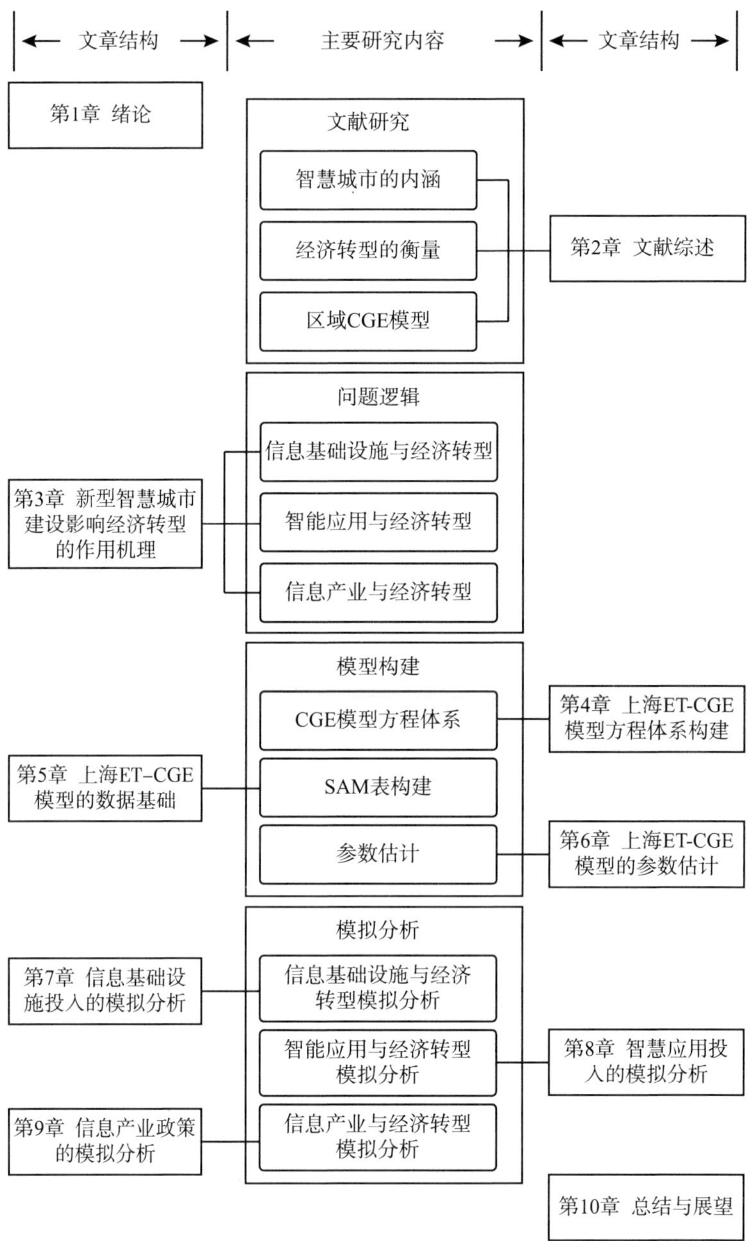

图 1.6 本书结构安排

1.4 研究创新

1. 归纳出智慧城市的内涵与主体框架

新型智慧城市建设相关的学术性的研究十分鲜见。本书深入探索国内外智慧城市建设的理论研究与发展现状，基于现有的研究成果和应用实践，提出新型智慧城市的内涵、特征以及建设框架，从新一代信息基础设施、新型智慧应用、信息技术产业三个维度展开研究。由于新型智慧城市建设过程中，政府发挥至关重要的关键作用，因此研究新型智慧城市建设相关政策的模拟分析具有可行性和创新性。

2. 构建智慧城市建设问题的 CGE 模型框架

从目前的文献研究来看，研究信息技术与经济发展的文献较多，方法各不相同，但采用 CGE 模型研究新型智慧城市对经济转型的影响相对较少。本书基于上海新型智慧城市建设的行动方案和现实政策，以经济高质量发展（经济转型）为研究归宿，将新型智慧城市建设问题纳入 CGE 模型分析框架，结合研究问题和宏观环境选择合适的函数和宏观闭合，构建上海 2017 年 SAM 表并延伸至 2019 年，根据数据可得性和问题适应性，选择 EGRAS 方法估计弹性参数。本书构建的 CGE 模型方法可用于后续新型智慧城市问题的深入研究。

3. 研究经济转型（经济高质量发展）的新内涵

本书结合现有文献和相关政策文件，研究经济高质量发展的衡量标准作为经济转型 3.0 的指标。并将经济转型分为三个阶段：第一阶段是计划经济向市场经济转轨；第二阶段是加入世界贸易组织（World Trade Organization，WTO），融入全球市场；第三阶段是科技驱动经济高质量发展。目前的 CGE 模拟研究中，大多是以经济增长、劳动报酬等为研究对象，而以经济转型为研究归宿的比较鲜见。模拟研究新型智慧城市建设相关政策与经济转型之间的定量关系是一次探索性尝试。

4. 模拟新型智慧城市建设政策冲击经济转型指标的量化结果

本书通过模型构建和程序运算，对经济转型相关的产业结构升级、消费驱动经济发展、资源利用效率提升等问题进行定量模拟，分析不同政策冲击条件下，经济转型各要素产生的定量影响以及数量关系、数量特征。与现有的经济转型研究相比，给予的定量结果更具客观性和可观察性。

1.5 本章小结

本章从提出问题、梳理研究脉络到提出研究创新点，可以“一览众山小”，从整体视角清晰地发现本书的要点。本章具体工作有三点：第一，从上海“创新驱动、转型发展”的诉求出发，结合新型智慧城市建设政策，提出定量研究“智慧城市建设投入对上海经济转型影响”的问题，并从理论价值、现实意义的角度说明选题的意义。第二，明确采用 CGE 模型作为研究方法，根据新型智慧城市建设框架，提出本书的研究思路和结构安排。第三，总结本书的创新点，从概念界定、模型结构、问题剖析的角度说明研究的创新点。

第 2 章

文献综述

新型智慧城市利用 5G、人工智能等新一代信息技术对城市经济发展、社会生活等各领域进行重塑和再造，通过技术融合、数据融合、业务融合，推动新一轮经济转型。新型智慧城市是智慧城市高质量发展的重要体现，涉及经济、政务、民生等城市运行系统的各个方面，特别是对促进经济转型的作用引起广泛关注。本章的研究综述主要从新型智慧城市投入的经济效应、经济转型的影响因素及区域 CGE 模型应用三个部分来归纳总结现有研究成果。

2.1 新型智慧城市的经济效应研究

自 1987 年索洛提出“信息技术生产率悖论”后，对其展开的研究与争论一直持续至今。5G、人工智能等新一代信息技术背景下的新型智慧城市与经济转型之间关系研究，是新时代背景下信息技术与经济发展研究的缩影。目前，新型智慧城市的效用研究视角主要分为两方面：一是从城市治理视角，研究智慧城市建设对交通、政务、教育、医疗等城市精细化管理、精准化服务的影响；二是从宏观经济视角，研究智慧城市建设对经济增长、产业升级等方面的影响。从目前的研究来看，从城市治理视角的研究较为丰富，从宏观经济视角的研究相对薄弱，缺乏完整的智慧城市与经济转型的分析框架。本小节将以信息技术相关理论研究为基础，从新型智慧城市的研究框架出发，归纳总结信息基础设施、智慧应用、信息产业的相关研究成果，为探寻研究切入点和重点方向奠定基础。

2.1.1 新型智慧城市的研究框架

根据2019年德勤报告，全球已启动或在建的智慧城市超过1 000个，其中一半在中国，智慧城市建设片地开花。近年来，智慧城市演变为一种城市的标签行为，大肆宣传智慧城市的概念，忽视其内涵本质、作用成效。因此，对于新型智慧城市的建设评价、效益评估成为日益关注的问题。许庆瑞等（2012）认为智慧城市概念的兴起与发展，在很大程度上是被商业行为所驱动，而非政府行为本身。因此，“抽丝剥茧”的研究新型智慧城市的内涵和框架非常重要。

1. 智慧城市的发展历程

智慧城市新风口逐步形成，但是背后逻辑仍在演绎。历经10年风雨兼程，智慧城市经历起步期、成长期，即将步入3.0时代，也就是新型智慧城市时代。第一阶段（2011～2015年），处于智慧城市1.0时代，以信息基础设施建设为主要特征。3G网络、城市光网建设刚刚兴起，信息基础设施不够完善，严重制约了信息互联互通，阻碍移动互联网、O2O等应用发展。因此，更加强调建设无线城市、城市光网等信息基础设施。第二阶段（2016～2020年），处于智慧城市2.0时代，以智慧应用建设为主要特征。4G网络建设兴起，网络性能和网络覆盖有了大幅提升，但是市民的切实获得感不强。因此，更加强调建设老百姓可感知的智慧城市，从智慧社区、智慧园区、智慧商圈等时空维度，解决日常生活痛点，以场景创新让市民体验智慧城市的魅力。第三阶段（2021～2025年），进入智慧城市3.0时代，以“AI赋能城市”为主要特征。5G建设加速万物互联，数据资源呈几何级增长。但是智慧应用更多是体现流程效率的信息化，而非体现数据价值的智能化。因此，更加强调机器学习、模式识别等人工智能技术应用，释放数据潜能，让城市比人类更具有思考力、决策力和行动力。

2. 新型智慧城市概念与特征

现有的文献中，关于智慧城市尚未有统一的定义，不同研究机构和学者分别从信息技术、城市发展、融合创新等角度提出各种对智慧城市的理解。第一，以IBM、华为代表的企业界往往从技术角度出发，强调信息基础设施的重要性，认为5G、物联网等新一代信息技术是重点，也是智慧城市区别于数字城市、无线城市等以往概念的最主要特征。第二，以社科院为代表的社会研究机构更多强调从城市发展和运行的角度出发，强调新一代信息技术对经济发展、城市管理、民生服务、生态环境的应用支撑。第三，部分研究往往结合城市应用场景，强调信息技术与城市发展融合，形成新的城市运行形态。总体来说，智慧城市是信息技术与城市功能的深度融合。

新型智慧城市是相对的概念，与传统智慧城市有所区别。信息技术的迭代更新，城市发展理念的日新月异，城市发展阶段的参差不齐，使得新型智慧城市的界定各不相同。2015年底，中央网信办、国家互联网信息办提出了“新型智慧城市”概念。2016年12月国务院发布了《“十三五”国家信息化规划》，明确分级分类建设100个新型示范性智慧城市。新型智慧城市核心在“新”，是在5G、物联网、人工智能等新一代信息技术与城市经济、社会、生活的深入融合，重构网络连接，重构应用生态，重构数据价值，智慧城市的建设模式、运营模式向更高层次迈进，实现经济高质量发展、城市高效率运行、居民高品质生活。新型智慧城市通过三大重构，体现“新”特征：

（1）重构网络连接，开启万物互联

5G作为智慧城市3.0的关键基础设施，具有超大连接、超高速率、超低时延特点，促进智慧城市由“人”的链接走向“物”的链接时代。第一，网络连接主体更加广泛。5G具有超大规模连接能力，每平方公里可链接数超过100万，能够将人、物、组织等每一个城市部件链接起来，形成庞大、智能的感知网络，满足各类终端的广泛链接需求，提升智慧城市的感知能力。第二，网络连接速度更加快速。5G速率峰值可达20Gbps，网络延时仅0.1毫秒，满足人与人、人与物、物与物之间端到端的高速传输需求，提升智慧城市的传输能力。第三，网络连接需求更加灵活。边缘计算和云计算相互融合，高频次、实时性、安全性高的数据在边缘侧直接运用，终端成为智能体，逐步实现“万物互联”向“万物智联”升级迭代，更好地满足网络连接的差异化需求，提升智慧城市的应变能力。

（2）重构应用生态，创新运营模式

“AI +”成为智慧城市 3.0 的应用主流，智慧应用由单一化、分散化、信息化向多样化、协同化、智能化应用生态升级。第一，智慧应用服务能力更加智能。人工智能促进传统智慧应用升级改造时，多元场景创新层出不穷，人工智能赋能让智慧城市各类应用更加“聪明”。第二，智慧应用服务模式更加协同。智慧应用从碎片化向集成化转变，以市民为中心、以数据来驱动，提供系统化、整合化应用服务，提升政府部门间协作效率和资源利用效率。第三，智慧应用运营模式更加多元。智慧应用建设运营由政府“包办一切”向政府、企业、科研机构“协作共赢”转变，更加强调市民和企业的参与感，以开放、创新吸纳社会各方力量的广泛参与。

（3）重构数据价值，强化人工智能

人工智能作为智慧城市 3.0 的新内核，重塑网络价值，促进技术创新、理念创新、模式创新。第一，网络数据由量变到质变。运用广泛分布的传感器网络获取和汇聚更庞大、更全面、更精确的实时数据，消除数据孤岛，实现数据的整合共享、即时连接，形成面向公众的、科学有效的大数据共享机制。第二，网络价值由数据到智慧。由数据到智慧要经历数据、信息、知识、智慧过程。机器学习、模式识别等人工智能技术广泛应用，加速释放数据价值，形成面对复杂形势的快速决策能力和个性化服务能力，促进社会组织模式和治理能力现代化。第三，网络潜力由智慧到智能。智慧城市不仅解决“智力”问题，更要解决“能力”问题，实现知行合一。智能制造、车联网、远程医疗等新型智慧应用，不仅要提升判断力和决策力，更要提升行动力，从模拟人向超越人迈进。

由于各个城市的不同特点和发展目标，各城市也会对智慧城市理解有些不同（李健等，2012）。上海作为智慧城市先行者，拥有 2 500 万人口的国际大都市，城市的功能定位与其他城市也有所差异。因此，上海新型智慧城市建设目标和内容也有所不同。2020 年 2 月，上海市政府发布《关于进一步加快智慧城市建设的若干意见》，明确将“城市大脑”作为智慧城市建设的首要任务，将数据作为“城市大脑”的核心资源，也明确指出要全面赋能数字经济发展。上海新型智慧城市建设包含主要内容如表2－1所示。

表2－1 上海新型智慧城市建设主要内容

新一代信息基础设施	信息感知与智能应用	新一代信息技术产业
城市大脑	互联网+政务服务	新一代人工智能
信息安全	电子政务云	下一代信息通信
双千兆宽带城市	智慧公安	高端芯片制造
5G网络	应急安全智能	核心软件
新一代国际交互系统	智能生态环境	
边缘计算、超算设施	社区云	
新型城域物联专网	一网通办、一网统管	

总体来说，新型智慧城市是利用5G、人工智能、物联网等新一代信息技术，构建城市神经元系统、5G高速无线网络和城市大脑，实现人、物、城市功能要素之间无缝连接与协同联动，更高质量助力经济转型创新发展，更高效率提高城市管理和社会治理水平，政务服务效能，智能响应民生需求，促进智慧城市战略与城市发展战略深度融合，形成安全、便捷、高效、绿色的城市形态。总体来说，新型智慧城市有三大特点：一是智慧性。人工智能渗透到城市的经济、社会、民生的各个方面，扩大了智慧的“广度”，城市治理更加精细，城市经济更加智能，“智慧”融入城市生活。二是创新性。人工智能、5G等新一代信息技术创新，增强了智慧的“深度”，催生新技术、新模式、新生活，用智慧技术重塑城市生产模式和生活品质，“创新”唱响城市主旋律。三是包容性。人工智能技术的日益成熟，增加了智慧的“温度”，逐步形成以人为核心的个性化、人性化、智慧化服务，“包容”温暖城市居民。

3. 智慧城市建设框架

许庆瑞院士（2012）构建了金字塔—星状结构的智慧城市模型，认为智慧城市既整合了数字城市、生态城市、创新城市等特征，又凌驾于它们之上，是城市发展的高级形态。智慧城市发展框架实际上对当前纷繁复杂的各类城市未来发展远景进行充分概括，描绘智慧城市的未来发展蓝图（见图2.1）。

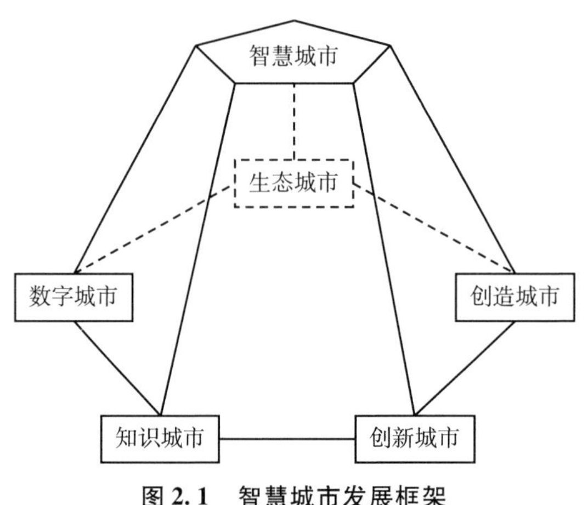

图2.1 智慧城市发展框架

资料来源：许庆瑞，吴志岩，陈力田．智慧城市的愿景与架构［J］．管理工程学报，2012，26（4）：1－4.

2017年，国家发展改革委联合中央网信办、国家标准委制定《新型智慧城市评价指标（2016）》，全国220个地市参与了评价。2019年，在原有评价体系基础上修订形成《新型智慧城市评价指标（2018）》。新型智慧城市评价指标体系中，一级指标有智能设施、精准治理、惠民服务、生态宜居、信息资源、改革创新，重点政务云、大数据运用、信息安全等关键技术标准。顾德道等（2012）构建了智慧城市评价指标体系，提出了四个一级指标：信息基础设施、智慧治理、智慧民生、智慧人群。李健等（2012）构建的智慧城市评价指标体系，提出了三个层次的指标：信息基础设施、应用水平、实际应用效果。由此可见，信息基础设施、智慧应用是智慧城市的重要组成部分，而智慧应用根据不同应用领域可以进行细分。从政府角度来说，新一代信息技术产业作为新型智慧城市的重要支撑，具有显著的“头雁”效应和融合效应，往往纳入政府提出的智慧城市规划。因此，新型智慧城市建设内容主要包括新一代信息基础设施、新型智慧应用（经济发展、城市治理、民生服务、生态环境等）和新一代信息技术产业。

①新一代信息基础设施：主要是指物联网、5G无线网、城市大脑、信息安全等信息通信网络，是承载各类应用的基石。信息通信基础设施主要可以分为智能感知基础设施、网络传输基础设施和数据平台基础设施三类。

②新型智慧应用：主要是人工智能等新一代信息技术在经济发展、城市管理、民生服务等各个领域应用，是驱动经济社会转型变革的关键力量。在智慧城市背景下，更加强调信息资源高度整合、应用服务高度协同。比如一网统管（智慧公安、智慧交通等）、一网通办（智慧教育、智慧医疗等）等各类服务。

③新一代信息技术产业：5G、人工智能、物联网等新一代信息技术产业迅猛发展，是新型智慧城市全面赋能经济转型创新发展的产业基础。智慧城市规划建设一般是由政府主导提出，对新一代信息技术产业的先导性作用颇为重视，因此将新一代信息技术产业纳入智慧城市建设框架（见图2.2）。

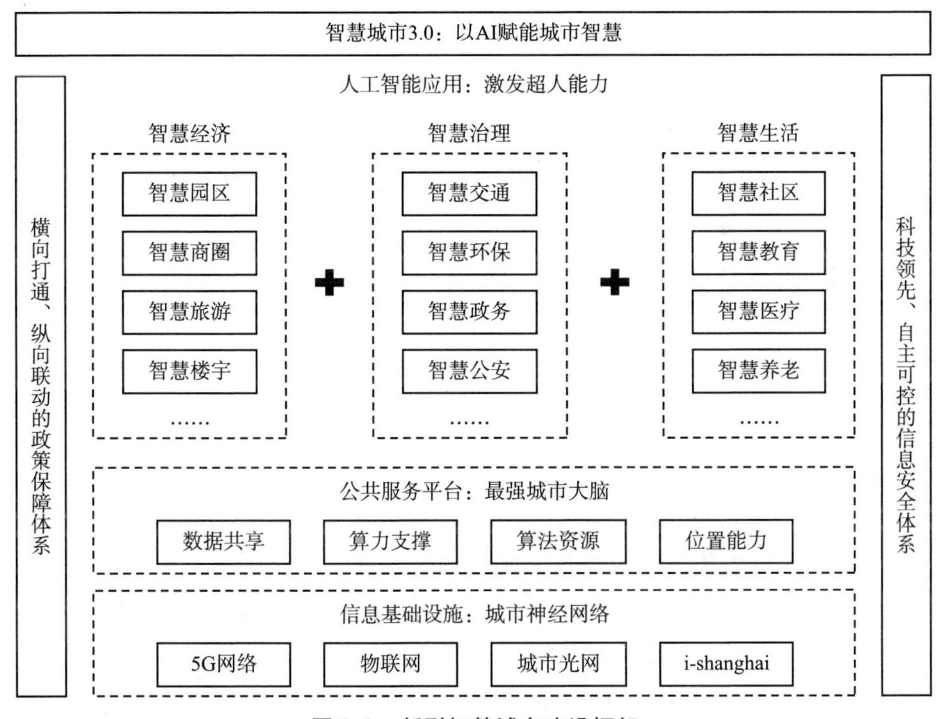

图2.2 新型智慧城市建设框架

新型智慧城市建设三大内容之间是相辅相成，紧密联系的。新一代信息基础设施是基础，新型智慧应用是主体，新一代信息技术产业是动力。首先，新一代信息基础设施是新型智慧城市建设的“大动脉”，是确保信息广泛采集、信息传输畅通、信息处理智能化的关键。其次，新型智慧应用是新型智慧城市建设的抓手，是以需求为导向，与经济、社会各领域的应用场景深入结合。新型智慧应用的“百花齐放”是新型智慧城市建设的重要内容。再次，新一代信息技术产业是新型智慧城市建设突出重点。以5G、物联网、人工智能等新一代信息技术代表着未来信息技术发展方向，突破关键核心技术，抢占新一轮科技革命与产业变革的制高点，成为普遍共识。所以，政府特别强调新一代信息技术产业作为先导产业的重要性，以此带动区域经济增长。

2.1.2 信息基础设施相关研究

新冠肺炎疫情以来，政府大力推进5G、人工智能、物联网、数据中心等新型基础设施建设，对冲疫情对经济的冲击，夯实经济高质量发展的基础。信息基础设施是“新基建”的重头戏，是新型智慧城市建设的基础，驱动智慧城市向更高阶段发展。“新基建”投资对经济增长速度、经济发展质量的影响，引起众多知名学者专家的关注。20世纪80年代以来，许多专家学者将基础设施投资（资本）从总投资（资本）中分离出来，经济学家开始单独研究基础设施资本对经济增长的影响（Aschauer，1989；Barro，1990）。信息新型基础设施作为继水、电、气之后的第四大基础设施，又因其网络型、倍增性等特征，对经济的影响日益受到关注。

1. 信息基础设施与经济增长

大部分研究成果表明，信息基础设施属于核心基础设施，比非核心基础设施对经济增长有显著影响（何力武，夏海南，2010；张从丽，2008）。日本学者南亮进认为，交通运输和通信是核心基础设施，是经济增长不可缺少的初始条件。王帅等（2018）基于2003～2016年省级面板数据，研究信息基础设施在促进经济增长的中介作用。哈迪（Hardy A P，1980）认为，在信息基础设施较为完善的国家或地区，市场主体收集信息、搜寻服务的成本相对较低，各厂商间的交易范围也因交易成本的下降而摆脱时间和空间的约束，交易范围逐步扩大，因而经济系统的产出效率和产出规模都得以提升。朱文晶（2017）认为信息基础设施具有其他基础设施所没有的网络外部性，即作为一种信息传输的载体，使用者越多，信息基础设施中能够被其他部门利用的信息密度越大，其带来的外部效应越明显，如降低交易成本、节约时间等，企业从中受益越多。李坤望等（2018）在企业异质性理论的框架下，证明信息是比较优势一个新的来源，信息基础设施会改善一国出口绩效，而且信息化密度高的企业具有更高的出口倾向。吴刚（1998）将国内电力、供水、交通和信息基础设施与经济的相关性进行国际比较和模型分析，认为随着经济发展水平的不断提升和人均国民收入的增长，各类基础设施的发展水平与国民经济发展的相关度不同。通过实证分析，研究认为信息基础设施与经济相关度最强，现阶段我国应优先发展信息基础设施。

信息基础设施投资对不同国家和地区的影响差异较大，大部分研究认为信息基础设施建设促进经济发达地区经济增长的作用更加显著。王纬等（2018）认为目前信息基础设施与生产率增长之间关系的研究结论不尽相同，除研究样本、方法不同导致的差异外，还与信息基础设施的空间外部性有关。庄雷等（2015）认为中国各地区的信息网络基础设施投入具有显著而积极的直接投资效应和间接溢出效应，信息网络基础设施投入的经济增长效应存在地区差异。陈亮等（2011）利用2001年至2008年中国31个省（区、市）的面板数据验证信息基础设施对中国经济增长的影响，结果表明信息基础设施对中国的经济增长有显著的正向促进作用，但是信息基础设施对不同区域增长的贡献与经济增长的状况却存在反差，认为东部地区由于经济的快速发展，信息基础设施利用率高，但随着经济的发展，信息基础设施会逐渐满足不了经济发展的需要，并建议有关部门应早做规划，适时增加投资，防止信息基础设施成为制约经济发展的瓶颈。彭惠等（2012）以菲德模型为基础，借助第三产业占整体经济的比重，将全国30个省份进行分类，采用面板数据模型分析1993~2008年信息基础设施对区域经济增长的影响。研究表明第三产业发达地区，信息基础设施对产业部门的外溢作用明显，信息基础设施对区域经济增长的间接影响远大于其直接影响，而欠发达地区恰与之相反。刘宇（2008）利用灰色系统模型对中国东、中、西三大地区信息基础设施与区域经济的相互作用进行了定量分析，东部地区信息基础设施与经济形成良性的互动关系。

信息基础设施作为“信息高速公路”的基石，驱动区域经济增长的路径日益受到关注。内生经济增长理论认为，经济增长的源泉是全要素生产率的提升。信息是重要的创新要素，加大信息基础设施投入对地区经济增长有重要的作用。信息基础设施投资对经济的作用主要有两种途径：一方面是直接投资效应，信息基础设施投资直接促进经济增长；另一方面是间接溢出效应，信息基础设施加快人力资本积累，降低信息不对称程度，进而影响全要素生产率。郭朝先等（2020）认为信息基础设施是“新基建”的内核，通过三条途径为经济高质量发展“赋能”。第一是作为固定资产投资行为，“新基建”具有乘数效应，可以带动经济增长，并且与传统基建相比，“新基建”更能促进经济“包容性”增长。第二是作为现代基础设施，尤其是数字化基础设施，可以为经济数字化转型提供底层支撑。第三是作为数字化平台，“新基建”为中国经济发展提供了新动能，推动产业融合发展、形成产业新生态，为构建现代产业体系和经济体系服务。

2. 信息基础设施与经济转型

在信息基础设施对产业结构影响的方面，研究成果大多认为有利于加快产业结构升级。谢小可等（2014）认为信息基础设施因其规模经济与网络效应的原因，信息基础设施对经济发展具有溢出效应，提升城市全要素生产率，促进经济高质量发展。刘宇（2006）采用投入产出模型，研究信息基础设施与产业结构的关系取得了多篇成果，既有全国层面的研究，也有区域对比分析（如广东与青海），研究结果表明信息基础设施投入对第三产业拉动最为显著，第二产业次之，第一产业最弱。由于投入产出分析法仅从产品的需求和供给角度研究信息基础设施与产业结构的关系，不能从经济运行系统全局（生产活动、商品、要素、经济主体等）考虑，从而有一定的局限。张红历等（2010）从空间视角研究信息基础设施与区域经济增长的关系，发现信息基础设施具有显著的网络效应，促进信息、劳动、资本等要素流动，有利于区域协同和产业结构升级。

在信息基础设施对劳动报酬影响的方面，研究相对薄弱，而关于基础设施的就业效应的研究比较丰富，但是存在区域差异、产业差异和周期差异。就业是政府最为重要的政策目标之一，政策制定者往往更加关注基础设施的就业效应（Dalenbergand，1995）。张光南等（2010）以跨期利润函数为基础，动态分析中国1998～2006年各省工业企业面板数据，并采用SUR方法对基础设施投资短期和长期的就业效应、产出弹性和投资弹性进行实证分析，结果表明基础设施的各类效应中就业效应最为显著，东部地区长期和短期的就业弹性非常的接近，而中西部地区的短期就业效应比长期相比更为强烈。范前进等（2004）将基础设施发展水平引入区域经济的中间品生产过程，建立了一个多部门的一般均衡模型，认为在一定条件下，增加基础设施投入会提高劳动报酬，降低中间品的价格。同时，基础设施的规模会影响专业化分工程度和产品生产规模以及国际贸易格局，存在外部规模经济。因此，结合基础设施投入的就业效应，研究信息基础设施投入的就业效应以及对劳动报酬的影响有一定的基础。

信息基础设施建设对资源环境的影响尚未有直接研究，但普遍认为产业结构高级化是一种有效的低碳发展途径。牛鸿蕾等（2012）构建了投入产出多目标的优化模型，研究产业结构调整的低碳效应，认为产业结构升级是减少碳排放的有效手段。信息基础设施投资大幅推动基础通信网络的升级换代，高速、泛在、绿色的高性能网络是能耗、环境的检测的基础，特别是近年对资源环境日益重视，所以有必要研究信息基础设施投入对资源环境的影响。

综上所述，现有的研究主要针对信息基础设施投资对经济增长的影响，而对产业结构、就业结构、低碳发展等经济转型方面的研究相对较少。5G、人工智能、物联网为核心的“新基建”日益成为研究重点，与传统信息基础设施相比，新一代信息基础设施更具非线性、非均衡性特征，对经济增长、产业结构、就业效应等均有值得期待的探索空间。

2.1.3 智慧应用投入相关研究

1. 信息化与经济增长

智慧应用投入与经济转型关系的实质是研究信息技术的应用渗透对经济发展的影响，但是目前研究存在两种不同观点。“索洛悖论”提出后，很多学者着手从实证角度考察信息化对经济增长和生产率的影响，但是结论有所差异。第一种观点是信息化对经济增长影响不大。有学者从增长核算出发，测算信息化投入对美国经济增长及劳动生产率的贡献，研究表明信息化投资对美国经济增长和劳动生产率的贡献很小，主要原因是相对于经济总量，信息化投资规模太小（Oliner & Sechel，1994）。第二种观点是信息化有效推动了生产率提升。许多学者研究了美国、印度、新加坡的信息化投资对经济增长的影响情况，认为信息化投资和信息化效率提升共同推动了生产率复苏，信息化投资在经济增长中发挥重要作用（Stiroh，2002；Erumban & Das，2015；Vu，2013）认为。张敏（2013）利用1998～2010年我国31个省份的面板数据，研究发现信息化水平对于经济增长的正向影响非常显著，信息化水平每提高1%，人均GDP增长率提高0.01%～0.05%，经济增长的惯性作用明显。钟根元等（2003）基于新古典经济理论，采用柯布—道格拉斯生产函数，推导出了信息技术投资对经济增长贡献的模型和对劳动生产率增长贡献的模型，实证分析表明信息技术投资对经济增长和劳动生产率增长有非常重要的贡献。

相关研究表明，信息化投资对不同区域或者国家的经济影响存在差异，普遍认为信息化投资在发达国家或区域对经济的贡献度大。茶洪旺等（2017）通过全局莫兰指数和局域空间自相关的LISA地图，研究表明信息化和产业结构升级皆存在显著的空间依赖性，二者呈现出区域聚集特征。德文和克莱默（Dewan & Kraemer，2000）将信息技术因素纳入生产函数，研究其对GDP增长的影响，他们整理36个OECD国家1985～1993年的数据进行关联性分析，讨论信息化投资对发达国家和发展中国家经济增长影响的差异，结果发现发达国家和发展中国家的信息化投资结构存在着明显的不同，信息技术对于发达国家发展的贡献比发展中国家大。约根森和吴（Dale W. Jorgenson & Khuong Vu，2005）研究信息化投资对于G7工业国和主要新兴发展中国家共14个主要经济体的经济增长的冲击，研究发现从整个世界经济1995年以后经济增长中信息技术投入的贡献率比生产率提高带来的增长高出近三倍，美国在信息化投资方面的单位资本产出比世界总体水平高出近4倍。贾拉娃和普吉拉（Jalava J & Pohjola M，2002）通过对信息技术以及经济发展的经验数据进行统计研究后认为：信息技术的生产使用是90年代美国经济得到高速发展的主要原因，然而这些作用对于其他国家的贡献却远不及在美国强烈。他们以芬兰的相应数据为例，同期的整个90年代，芬兰的信息化对总产出增长的贡献从0.3%一直增长到0.7%，但并没有体现出美国所表现出的劳动生产率加速的趋势。近年来，人工智能作为新型智慧城市的驱动力之一，研究人工智能与经济增长的文献日趋增多。曹静等（2018）综述了人工智能与经济增长相关文献，许多学者运用新古典增长模型或者基于任务的模型，探讨人工智能对于经济增长的影响路径，通过实证研究证明了人工智能对于经济增长的促进效用，但对于人工智能是否会迈向奇点尚持不同观点。

关于信息化对经济运行的作用机制，许多学者产业变革、创新融合、影响周期等视角开展研究。20世纪80年代的新经济增长理论把知识外溢和技术创新看作是经济增长“新的发动机”，是收益递增的源泉。智慧应用投入对经济增长的影响可分为替代效应和渗透效应。前者是由技术进步带来信息产品价格下降，从而实现信息资本对其他资本的替代，支撑经济增长；后者则是信息作为通用技术渗透和应用于各产业部门，提高其全要素生产率，间接促进经济增长。从微观角度来看，基于企业资源观、竞争战略理论和核心能力理论，研究信息技术对组织变革、商业模式、绩效发展、能力边界等影响是主要研究领域（王念新等，2011；孙永斌，2010）；从宏观角度来看，研究信息化应用对产业链整合、宏观经济等影响则相对薄弱。周勤等（2012）以新兴古典理论为基础，构造微观数理模型，刻画信息技术影响经济增长的内在机制，并特别强调信息化所产生的网络效应对经济增长的支撑作用。张之光等（2014）基于向量自归模型，对中国 1996～2010 年信息技术投资与经济增长的有关数据变量进行格兰杰因果检验以及脉冲响应和方差分解，全面研究了信息化与经济增长的动态均衡关系，结果表明：信息化投资与经济增长之间存在长期协整关系。促进了中国经济增长，不存在时滞问题。蔡跃洲等（2019）认为人工智能的渗透性、替代性、协同性和创造性四项技术—经济特征，能推动国民经济各领域各部门高质量增长，而其自身规模壮大也有助于提升经济增长质量（见表 2－2）。

表 2－2　　新型智慧应用与传统信息化的差异

主要指标	信息化（传统信息技术）	新型智慧应用（新一代信息技术）
终端	人	人和物
信息采集	人工采集数据并进行数据输入	通过传感器自动获取数据
信息传输	固定宽带网络为主	泛在网络
信息处理	简单分散处理	以大数据为基础的智能处理

2. 信息化与经济转型

国内学者采用不同方法研究信息化投资对产业结构的影响，发现信息化对不同产业的贡献存在差异，但总体认为信息化有利于产业结构升级。汪斌，余冬筠（2004）采用改进的柯布—道格拉斯生产函数定量分析信息化对我国国民经济的带动度以及对三大产业的差别影响。蔡洪旺等（2017）利用空间计量方法实证分析了我国信息化发展对产业结构升级的影响，发现二者存在显著的空间相关性，且信息化通过提升产业发展的层次可以显著促进我国产业结构的升级。郝秀梅（2004）研究了信息化过程中产业结构升级存在的制约因素以及产业结构升级的途径。刘虹涛等（2002）认为由于信息技术具有广泛性和渗透性，在改造传统产业过程中，能加快传统产业的产品更新周期，提高资源利用效率，改变需求结构、产品结构，降低成本，增进局部乃至整体企业、行业的经营管理效率，从而促进传统产业结构的升级。谢康等（2012）提出信息化与工业化融合机制的技术效率模型，认为中国信息化与工业化融合对中国转变经济增长方式、三次产业结构调整有不同程度的影响。谭莹和赵汴（2009）通过实证研究，证明信息技术应用对服务业增长具有更大的正向促进作用。根据发达国家的实践经验，服务业与信息技术具有高度融合的特征，成为信息技术应用融合的主战场。

关于信息化与劳动报酬的关系，大部分研究认为信息化有利于提高劳动生产率，进而提高劳动报酬。林毅夫等（2003）认为信息技术对各个行业进行的大规模改造重组，可以提高整个经济的劳动生产率贡献。余东华等（2019）认为信息技术的创新扩散，能够提升劳动力供给的有效性，增加人力资本积累。卢锐（2006）分析了信息技术对服务业竞争力的影响，指出服务业是劳动密集型产业，服务业信息化关键是围绕劳动生产效率的信息化。魏君英（2011）采用信息化综合指数模型，测算1990～2008年我国的服务业信息化水平，并在此基础上运用协整检验和向量误差修正模型，估计信息化对服务业的就业效应。结果表明，自20世纪90年代以来，服务业信息化水平不断上升，而且对就业产生了正向的促进作用。从动态角度看，服务业的信息化与就业变化之间存在长期的均衡关系，服务业信息化初期对就业产生比较大的负面冲击，但从长期来看，服务业信息化将有利于促进就业，并带动服务业的资本投入对就业也将产生积极正向作用。雷小清（2006）指出信息技术应用对服务业内部就业的影响具有比较显著的差异，而且信息技术应用对服务业就业的影响与制造业不同。总体上来说，服务业信息化的就业创造效应大于就业替代效应，从而存在正的净效应。因此，从提升现代服务业比重、加大对服务业的资本投资、提高居民的服务消费能力等方面来促进服务业信息化，从而带动服务业就业。

近年来，由于对人工智能的就业替代效应的担忧，许多学者开始展开人工智能对就业和劳动报酬的研究。国外有学者基于内生经济增长模型，将自动化资本作为一个生产要素引入模型，研究发现人工智能带来自动化水平提高，降低了低技能工人的实际工资，从而提高了技能溢价和收入不平等（Lankisch et al.，2017）。蔡跃洲等（2019）认为人工智能及自动化推进中，替代效应与抑制效应作用下就业总量将保持基本稳定，但结构性冲击不可避免。中间层岗位容易被替代，就业结构将呈两极化趋势；伴随结构调整，初次分配中劳动份额将降低，被替代行业中教育和技能水平较低、年龄偏大人群所受损失最大，并扩大收入差距。劳动成本攀升将加速人工智能在中国的推广应用，有力支撑未来中国经济高质量增长。总体来说，由于人口红利消失，人工智能加速替代低端劳动力，从而提高整体劳动报酬。

综上所述，人工智能等新型智慧应用研究仍处于起步阶段，但其研究主要归宿于对宏观经济增长、区域差异、产业结构、就业替代、劳动报酬方面的问题，许多观点不尽相同，需要进一步探索研究。

2.1.4 信息产业相关研究

国内智慧城市建设与国外存在明显差异，我国智慧城市都将信息产业发展作为重点。信息产业是当今融合度最高、发展潜力最大、涵盖面最广、拉动经济增长最快的新兴产业（田海峰，2003）。主要理论基础有罗斯托主导产业扩散效应理论、产业融合理论、赫希曼不平衡增长理论等（见图 2.3）。

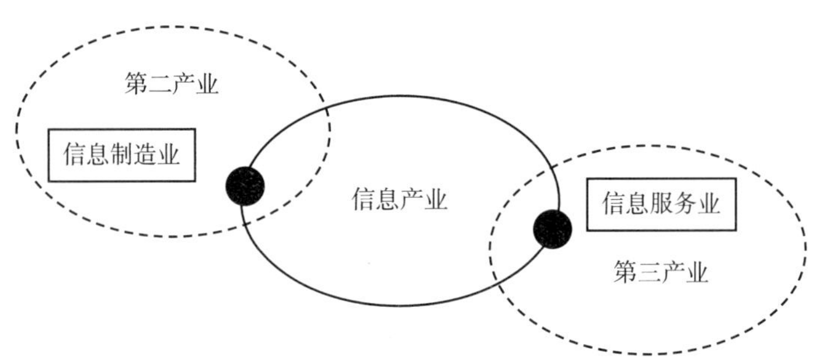

图 2.3 信息产业与其他产业的关系

1. 产业融合理论视角

产业融合理论是研究信息产业与经济增长关系的重要理论依据。马健（2002）在对西方产业融合的基本理论研究以后，认为产业融合可以表述为：由于技术的进步和管制的放松，发生在产业边界和交叉处的技术融合，改变了原有产业产品的特征和市场需求，导致企业中间的竞合关系发生了改变，从而引起产业边界模糊甚至重新划分产业界限。丁志帆（2020）认为信息产业通过产业创新效应、产业关联效应和产业融合效应，实现产业结构升级和产业结构调整，推动经济高质量发展。杨新铭（2017）认为以信息产业为核心的数字经济，融合了“规模经济”和“范围经济”，颠覆了传统企业的盈利模式，拓展资源配置的边界。金（Kim，2009）研究发现信息产业发展有利于知识要素在各个产业之间传播和扩散。郭克莎（2003）认为选择主导产业的因素包括：增长潜力、就业功能、带动效应、生产率上升率、技术密集度、可持续发展性以及国际比较等方面。产业融合有三种形式：一是产业渗透，主要是指信息产业对传统产业的渗透融合作用；二是产业交叉，是指信息产业内部各行业之间的融合；三是产业重组，是产业内部的子产业之间融合产生新的子产业分布，比如信息产业中的物联网行业、云服务行业等。无论出现于何种情况，信息产业融合却有其共同的特征，即以网络化和数值化为基础，或多或少打上了网络经济或数值经济的烙印（马健，2003），如图2.4所示。

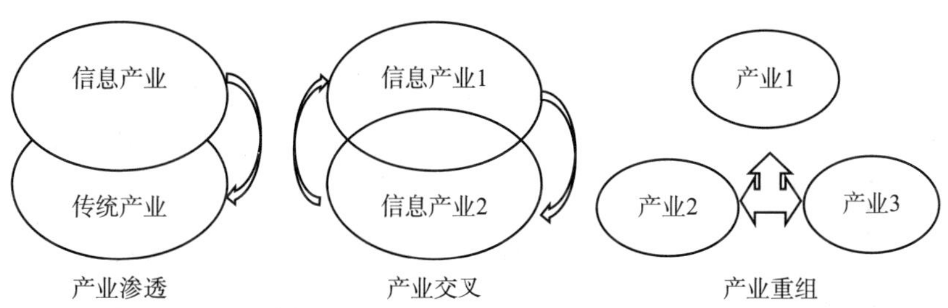

图2.4　信息产业融合的三种形式

从产业结构来看，现有实证研究结果表明，信息产业的融合作用对产业结构升级具有正向促进作用。刘春梅（2010）采用灰色系统理论中的动态模型建模，实证研究证明信息产业对第三产业影响最大（0.8），其次是第二产业（0.795），再次是第一产业（0.771），关联度系数均大于0.6，说明信息产业与传统产业关联密切，即信息产业与传统产业之间的相关性很强。唐敏（2008）利用我国2002年投入产出表（input-output tables，简称“IO表”）考察了信息技术产业对于第一、第二及第三产业的影响力、感应度及直接消耗与完全消耗关系，其研究结果认为信息技术产业可以作为新的经济增长点，同时促进了对传统产业的生产力提升，提高了劳动生产效率，对产业结构的优化起到了一定的作用。马健（2003）运用模仿行为经济学的基本思想揭示产业融合带动产业结构升级的传导机制，并在此基础上提出以产业融合带动中国产业结构升级的政策措施（见表2－3）。

表2－3　　信息产业与传统产业的灰色关联度

指标	农业	工业	服务业
信息制造业	0.610	0.745	0.805
信息服务业	0.623	0.680	0.836
信息产业	0.617	0.713	0.821

资料来源：马健．信息产业融合与产业结构升级［J］．产业经济研究，2003（2）：37－42.

2. 主导产业扩散理论

主导产业就是在区域经济发展过程中发挥主导作用的产业，主要具备如下几个特征：一是产值占有一定比重的产业部门；二是能够充分利用先进技术、具有较高的需求收入弹性、自身保持较高的增长速度的产业部门；三是具有较大的产业关联效应，能够带动其他产业乃至整个区域经济发展的产业部门。从量的方面看，主导产业应该是在国民生产总值中占有较大比重，或者未来有可能占有较大比重的产业部门；从质的方面看，主导产业应该是在整体国民经济中占有举足轻重的地位，能够对经济增长速度与质量产生决定性影响，其发展变化可以带动其他产业甚至影响国民经济变化。荆文君等（2019）认为信息产业可以形成兼具规模经济、范围经济及长尾效应的经济环境，通过新的投入要素、新的资源配置效率和新的全要素生产率促进经济增长，而且还具有一种类似于斯密自增长模式，促进经济高质量增长。

大部分研究认为，信息产业逐步从先导产业向主导产业迈进，对促进产业结构升级具有直接带动作用。郭美晨等（2019）认为ICT产业全要素生产率（total factor productivity，TFP）增长率显著高于整体经济平均水平，且对整体经济生产率提升作用逐渐强化，对产业结构升级的直接带动作用较为明显，但溢出效应存在一定时滞。田海峰（2003）认为应该优先发展主导产业，并用主导产业来促进本国产业结构的升级。主导产业对产业结构升级的作用超过主导产业部门本身，即存在产业的扩散效应或波及效应。扩散效应由回顾效应、旁侧效应、前向效应组成。罗斯托认为，不论在任何时期，甚至在已经成熟并继续成长的经济体系中，经济的增长之所以能够保持，是因为少数主导产业迅速扩张并产生巨大的扩散效应的结果。

综上所述，信息产业方面的研究包括自身发展对经济的影响和信息产业对其他产业的溢出效应研究，研究归宿点主要是经济增长、产业结构等内容，但是对财政、税收等相关政策的研究较少。

2.2 经济转型的影响因素分析

经济转型，国外研究者大多写作 the economics of transition，即转型经济学。经济转型是目前比较热门的研究领域，本书将重点分析现有文献对经济转型的研究内容，分析不同阶段经济转型研究的特征，界定当前经济转型的内涵和研究内容。

2.2.1 经济转型衡量方法

经济转型是指资源配置和经济发展方式的转变，包括发展模式、发展要素、发展路径等内容的转变。一般来说，经济转型分为体制转型和结构转型。

1. 经济转型的阶段性

经济转型具有阶段性，也有一定的发展路径（景维民，2007）。因此，界定经济转型的内涵与特征需要结合经济转型所处的阶段。第一阶段：关于经济转型的研究集中于计划经济向市场经济的体制转型，研究重点包括经济转型的模式和经济转型背景下的经济问题，并将经济转型分为激进式的经济转型和渐进式的经济转型两种类型（吴光炳，2008；热若尔·罗兰，1996）。第二阶段：中国加入 WTO 后对中国经济增长、结构调整和就业影响的研究，认为加入 WTO 后的效率收益并不是在各产业部门平均分配的，而是伴随着较大的经济结构调整和劳动力跨部门的大转移（郑波，2002）。第三阶段：经济转型的重点是转变经济发展方式（魏杰，2011）。转变经济发展方式，不仅要突出经济领域中"数量"的变化，更强调和追求经济运行中"质量"的提升和"结构"的优化。结合上述研究，本书认为中国经济转型可以整理简化为：第一阶段是转型 1.0（1978～2000 年），主要是计划经济向市场经济转轨，主要是体制转型；第二阶段是转型 2.0（2001～2010 年），加入 WTO，融入国际市场，主要是战略转型；第三阶段是转型 3.0（2011 年至今），转变经济发展方式，提升经济发展质量，主要是结构转型、能效提升等（见表 2－4）。

表 2－4　　经济转型的三个阶段

阶段	主题	内容
1978～2000 年	计划经济向市场经济转变	市场化程度、经济自由化等
2001～2010 年	出口导向型的对外开放	加入 WTO 对经济影响
2011 年以后	转变经济发展方式	产业结构升级、能效提升等

作为中国经济发展的火车头，上海已经率先进入第三阶段经济转型调整期。上海的低成本时代已经过去，必须从以成本优势为基础的经济增长方式转向以技术创新为基础的经济增长方式，而经济发展方式的转变，主线是结构调整，而无论是"转方式"还是"调结构"，核心都是经济转型（魏杰，2011）。当前所讨论的经济转型，基本可以默认为是第三阶段的经济转型，即转变经济发展方式，促进经济高质量增长。

2. 经济转型的内涵

"经济转型"是苏联理论家布哈林在研究新经济政策时最先使用的概念。在研究文献中，"经济转型"的内涵和研究侧重点均有不同。吴光炳

（2008）从生产力转型、经济制度转型、资源配置转型的角度总结了关于经济转型的代表性观点。魏杰（2011）结合现阶段经济发展情况，认为经济转型包括五个内容：一是粗放型经济增长方式转变为内涵型经济增长方式；二是出口导向型转向内需拉动型经济增长方式；三是从投资推动型经济增长方式转向消费支撑型经济增长方式；四是从成本优势型经济增长方式转向技术创新型经济增长方式；五是从政府主导型经济增长方式转向市场经济为基础的经济增长方式。

产业结构升级是转变经济发展方式的最重要体现。产业结构是指国民经济各个产业部门之间的比例关系和相互联系（刘虹涛，2002）。目前理论界对产业结构升级存在着不同的阐述，基本上可以归纳为两类：一类是从量变和质变两个方面研究产业结构的变化，一般认为量变是产业结构调整，只有质变才是产业结构升级；另一类则认为产业结构升级是产业结构与经济增长的相互作用过程中，产业结构由低级状态向高级状态逐渐演进的过程。大多数学者倾向于第二种含义的产业结构升级概念。

产业结构升级的内涵包括产业结构高级化和产业结构合理化两方面。一是产业结构高级化，是指产业结构发展重心由第一产业逐渐向第二产业、第三产业逐次转移的过程，标志着由低到高的经济发展水平和发展阶段。产业结构高级化体现为各产业部门之间的产值结构、就业结构等比例变化的过程。二是产业结构合理化，是指根据所处经济发展阶段，结合科技水平、需求结构、人口素质和资源条件等因素，调整不合理的产业结构，合理配置生产要素，使各产业之间得以协调发展。只有不断适应经济社会发展状态的变化，产业结构才能实现自身结构合理化，并逐步朝高级化方向发展。

3. 经济转型的衡量

研究经济转型，首先需要解决的一个关键问题是转型绩效的衡量标准（李新，2007）。经济转型的衡量有两种方法：一种是定量的研究，通过构建各种指标体系，对经济转型进行测度；另一种是定性的研究，可以从横向角度对不同国家和区域进行比较，也可以从纵向角度对经济转型的进程进行衡量。

构造经济转型指标，应以总体设计的针对性、分类的科学性、指标的代表性、客观性、独立性和完整性以及权重的合理性作为基本原则（舒元，王曦，2002），目前国内外经济学家和研究机构对经济转型的衡量做了大量的工作，主要是用经济自由化指数、市场化程度等指标来衡量转型 1.0 阶段的内容。比如欧洲复兴开发银行的“改革进展指数”，美国传统基金会的“经济自由化指数”，樊纲等（2003）对中国各地区的市场化测度等。然而，关于经济转型 3.0 阶段的衡量指标研究基本处于空白。

本书认为衡量经济转型应该同经济转型的目标和性质结合起来进行研究。针对上海处于经济转型 3.0 阶段，结合上述研究成果和上海经济发展实际，上海经济转型的衡量标准应包括：

一是产业结构升级：也称“产业结构高级化”，一般而言指的是三大产业产出结构优化，第三产业增加值占比提升。产业结构是在经济增长尤其是劳动生产率和其他要素生产率增长的基础上变动的；产业结构的变动又影响着经济增长，成为经济增长的重要条件（周叔莲，王伟光，2001）。

二是消费驱动经济增长：最终消费一般包括居民消费和政府消费。居民消费是主体，更能体现消费需求对经济的带动作用。劳动报酬是居民收入的主要来源，是解决民生问题的关键，也是社会公众感受经济转型成果的直接感知。因此，本书将以劳动报酬代替居民消费作为衡量指标，特别是重点研究劳动报酬与产出之间的关系。

三是资源利用效率提升：由于资源消耗涉及面非常广，本书主要衡量水、电、燃气等资源消耗与产出之间的关系。

新型智慧城市对上海经济转型的影响实际上是因果关系研究，即新型智慧城市建设投入为“因”，经济转型为“果”，本书以上述经济转型三个标准来衡量新型智慧城市建设的效果。

2.2.2 产业结构的影响因素

产业结构是一个复杂的开放系统，影响产业结构演变的因素很多，包括国际贸易、政府支出、技术进步等，这些因素相互联系、相互影响，共同决定着产业结构及其演变的方向和速度（胡志强，2004）。

1. 国际贸易角度

大部分学者研究认为国际贸易会影响产业机构升级，导致制造业占比提高，服务业占比降低。钱纳里（Chenery，1989）认为，产业发展模式有一定标准化、规律性，同时强调产业结构可能存在多样化演进路径。基本观点是：需求因素是各国产业结构演进规律趋同的主要原因，而国际贸易及其各自建立的比较优势则是导致各国产业结构演变出现差异的主要原因。卡尔多（Kaldor，1981）和瑟尔沃尔（Thirlwall，1979）等认为，国际分工与经济增长是通过内生技术变化相互作用，具有高贸易收入弹性的国际分工模式对经济增长具有积极的促进作用，而经济增长将促进产业结构转变。江小涓、李辉（2004）认为，加强国际贸易对我国工业发展比对服务业增长的促进作用更大，从而引起工业比重提升、服务业比重下降。郭同欣（2010）认为，长期以来，我国采取出口导向型的发展模式，出口依赖性程度较高。由于服务性产品的可贸易性程度低，所以出口必然会拉动工业快速发展，从而压制了服务业比重的提高。张捷等（2012）从需求角度研究国际分工与产业结构演变之间的关系，认为国际分工主要通过直接效应和间接效应发挥作用，并衍生出收入效应、关联效应和替代效应来影响产业结构变化。

2. 政府支出角度

关于政府财政支出对产业结构的影响，目前研究成果存在差异。第一种观点是认为财政支出对第三产业的正向作用最大。郭杰（2004）采用简易的回归模型，实证研究表明政府财政支出在我国产业结构调整过程中发挥的积极作用。杨大楷等（2009）认为，公共投资与三次产业总产值均具有长期正向均衡关系，其中对第三产业的正效应最大，而对第一产业最弱。郭小东等（2009）认为，政府财政支出改变了全要素生产率以及各产业生产要素的积累，对第三产业发展产生了积极的促进作用，而对第一、第二产业产生消极的影响。卢洪友等（2010）认为，政府投资冲击对第三产业经济波动产生很强的影响，对第一、第二产业的经济波动效应相对较弱，并且表现出长期的持续性，现阶段政府投资对经济发展只能发挥有限的促进作用。第二种观点是认为财政支出对第二产业影响最大。周光亮（2011）采取面板数据实证方法，研究1994年财政分权改革后地方政府投资对产业结构调整的影响。研究结论表明，地方政府投资过多考虑投资竞争的现实因素，偏重于第二产业的发展，而对第三产业的发展推动相对较小，从而不利于我国产业结构的升级优化。

本书研究的是上海新型智慧城市建设投入相关政策问题，更多强调地方政府为主导的相关投入对经济转型的影响。

3. 从科技进步的视角

关于科技进步对产业结构影响，大部分研究成果表明，科技进步有利于促进产业结构升级。宋辉、李强（2003）采用投入产出模型，实证分析了科技进步对我国产业结构升级的影响程度，表明科技进步有利于推动产业结构升级。张晖明等（2004）研究了技术进步和技术跨越对产业结构调整的影响，认为技术进步是推动产业结构升级的直接动力。徐敏（2006）研究了技术创新对资源型县域经济产业结构优化的影响，认为技术创新有利于推动技术与经济社会的融合发展，从而为促进产业结构优化升级提供源源不断的动力。胡志强（2005）从R&D经费、科技拨款金额及其占财政支出比重、国家科技奖励数目、专利申请四个方面，定量分析了我国高新技术发展对产业结构变化的影响。何德旭等（2008）研究了产业结构调整过程中的就业结构转换效应、产业结构升级效应、技术进步效应和资源再配置效应。提出中国产业结构升级战略目标建议，即以高新技术产业为驱动力，以现代服务业和现代制造业发展为两个车轮，带动产业结构升级。

4. 从就业效应视角

就业结构和产业结构不匹配问题日益受到关注，特别是二者的不均衡发展。因为产业结构决定了劳动力的分配方式，不同行业部门的就业弹性存在差异，从而决定了不同的就业结构。李冠霖等（2003）认为，第一产业就业结构偏离度较大，成为劳动力流出的主要部门，但第二产业就业结构偏离度较高表明第二产业并没有合理吸收从其他部门流出的劳动力，而第三产业吸收了大量由于技术进步、生产效率提高而从农业、工业转移出的劳动力。在相同增加值产出的情况下，中国第三产业的劳动力吸纳能力高于国际标准水平。樊秀峰等（2012）基于就业弹性的视角，对我国产业结构与就业吸纳能力的关联性进行实证分析，结果表明，第一产业对就业拉动不足，第三产业的就业拉动能力较强。同时，通过对我国结构偏离系数与国际标准结构偏离系数对比分析：认为三大产业的就业效应存在差异，第一产业存在大量的隐性失业，第二产业吸纳就业能力在不断减弱，劳动力逐渐向第三产业转移。各行业直接或者间接吸纳就业能力也存在差异，批零餐饮业和社会服务等行业具有较强的就业吸纳能力。

从经济转型的角度来说，研究产业结构升级问题一般可用三种指标来衡量：一是各产业的国民生产总值及所占比例变化；二是各产业的就业人数及所占比例的变化；三是各产业所创造的税收及在所占比例变化。当然，衡量产业结构升级需要与“标准产业结构”进行比较，因此需要选定基准期的产业结构。

2.2.3 劳动报酬的影响因素

国内外对于劳动报酬占比的研究较多。总体来看，研究主要从四个方面展开。一是认为统计和度量的角度分析劳动报酬占比的问题；二是从全球化的角度来分析劳动报酬占比原因；三是从资本深化和技术进步角度分析劳动报酬问题；四是从产业结构的角度进行的分析（董万好，2011）。

1. 统计和度量角度

国内外有不少学者认为劳动报酬变化的原因是统计口径和度量的角度发生变化。许多学者认为统计口径的改变导致劳动报酬占比的数据存在较大出入。由于统计口径和核算方法的不同，即个体经济业主的收入不再计入劳动报酬以及农业不再计入营业盈余，导致了2003～2004年，劳动报酬骤降6.3%，降低全社会福利（白重恩等，2009；贾康，2010）。但是，即使考虑低估的因素，我国劳动报酬占GDP比重比依然是下降的。章上峰和许冰

(2010) 认为，统计资料的局限和统计口径的变化使劳动报酬比重的测算存在许多困难。通过资金流量表和投入产出表测度劳动报酬比重的对比分析，提出利用时变弹性生产函数测度劳动报酬比重的新思路。对于学者提出的概念和统计口径等各类问题，本书做了严格的区分，以投入产出表中劳动者报酬作为居民劳动报酬的基准，从而更加有利于分析如何提高劳动报酬这个核心问题。

2. 从全球化角度分析劳动报酬

经济全球化对于劳动报酬的影响是深刻的，但是关于对劳动报酬占比影响的研究结论不尽相同。第一类观点是经济全球化有利于提高劳动报酬占比。阿斯肯纳齐（Askenazy，2005）认为发展中国家廉价商品的竞争压力，促使发达国家的熟练劳动力和非熟练劳动力分别向 R&D 密集的行业和服务业转移。在与发展中国家的贸易中，只要在 R&D 密集的行业里，劳动力的边际收益递减，发达国家的服务业规模足够大，服务品是不可贸易的，发达国家的劳动收入份额就可能不降反升。张晓毅等（2019）认为经济全球化有利于提高我国全球价值链地位，进而有利于增强劳动报酬。第二类观点是经济全球化不利于发达国家提高劳动报酬占比。哈里森（Harrison，2002）认为发达国家的劳动报酬的变化与全球化进程有密切关系，资本的谈判地位在全球化进程中得到了加强，从而降低了劳动与资本的讨价还价能力，进而影响到劳动报酬所占的份额。罗长远和张军（2009）研究发现 FDI 与劳动收入占比之间是双向的负相关关系。FDI 不利于劳动收入占比的提高，劳动收入占比提高反过来也不利于吸引外资。地方政府在招商引资上的竞争，强化了资本的谈判地位，不利于收入分配向劳动者倾斜。也有学者结合新古典贸易理论和“谈判力量”机制的思想解释了全球化对工业化国家劳动收入占比的负面影响（Guscina，2006）。

3. 资本深化和技术进步的角度

资本积累和技术进步所推动的产业转型会对社会劳动生产率及各类要素价格产生深远影响，引发劳动报酬份额波动。从资本深化角度来说，资本力量增强会弱化劳动报酬作用。林志帆等（2015）认为世界各国持续的货币扩张使实际利率下降、信贷规模扩大，因此厂商使用资本品的成本下降，倾向于在生产中投入更多的资本。如果资本与劳动替代弹性大于1，资本深化将导致劳动收入份额下降。张全红（2010）则认为是要素替代弹性、二元经济引发的巨大就业压力和政府重视资本忽视劳动的政策取向是劳动报酬率下降的主要原因。李文溥和李静（2011）从要素比较扭曲和资本深化的角度分析了劳动报酬占比下降的原因。马国旺（2020）基于2006~2017年中国省际面板数据构建相关模型，研究表明现阶段资本深化对劳动报酬份额的影响已由负转正，但影响并不显著。从技术进步来说，技术进步提升全要素生产率，进而提高劳动报酬占比。张莉等（2012）认为国际贸易促使技术进步，劳动力生产效率的发挥越来越依赖于机器设备。吴凯等（2019）认为劳动报酬主要受要素生产率变动影响，但是要素分配比例和地区差异也会影响劳动报酬变动。

4. 从产业结构角度的研究

白重恩和钱震杰（2009）认为产业结构转型是劳动报酬变化的原因之一。李稻葵等（2009）研究发现在世界各国的经济发展过程中，在初次分配中劳动份额的变化趋势呈现“U”形规律，即劳动份额先下降后上升。发现中国初次分配中劳动份额的变动趋势是基本符合这一规律。罗长远和张军（2009）从产业角度对中国劳动收入占比的变化进行了实证研究，发现产业结构变化和不同产业劳动收入占比以正相关性同时变化，均加剧了劳动收入占比的波动。

2.2.4 资源环境的影响因素

由于资源消耗与环境保护日益受到重视，“绿水青山就是金山银山”的绿色发展理念深入人心，近年来关于绿色的文献研究日益增多。格罗斯曼和克鲁格（Grossman & Krueger，1991）指出，经济增长影响环境的三种可能渠道是规模效应、结构效应和技术效应，采用各种因素分解方法（以 Divisia

指数分解法为代表）分解碳排放的影响因素是主流研究思路。杨旭东（2011）归纳了影响资源利用效率的主要影响因素，认为产业结构、技术进步、经济政策等是主要因素。当前的研究文献也突出了地区间的差异性，结合区域特征研究资源利用效率影响因素的成果并不鲜见。

1. 产业结构角度

从现有文献来看，大部分的研究成果都证明产业结构升级与低碳发展是一致的（马艳等，2010；杨旭东，2011）。徐盈之等（2012）构建投入产出模型，计算国民经济各部门的影响力系数和感应度系数，分析各部门资源消耗的波及效应，证明不同产业部门的波及效应存在差异，第二产业资源消耗的波及效应最大，第一三产业的波及效应相对较小，但第三产业内部的部分行业波及效应也较为显著。更深入一点的研究，则从产业间和产内部门间的资源消耗对总体资源消耗的影响进行探讨。伯特和凯利（Bert & Kelly，2006）基于我国资源消耗的省级数据，分解研究了影响我国资源利用的因素，认为节约产业内部门间的资源消耗是降低能源强度的主要原因。阿尔坎塔拉和帕迪拉（Alcantara & Padilla，2009）采用投入产出分析法，分解影响西班牙服务业各部门能源消耗和碳排放的因素，结果发现，部门之间相互需求关系所造成的资源消耗远大于其为满足自我需求所造成的资源消耗。

2. 技术进步角度

技术进步对提高能源利用效率也成为日益关注重点。梁进社等（2007）利用投入产出表，将中国资源消费增长分解为中间需求效应、技术效应和最终需求效应三类，结果减少资源消费的关键因素是技术效应。王火根等（2008）采用结构分解技术，研究消费需求结构、进出口以及技术进步对资源消耗的影响，结果发现技术进步对资源利用效率的提高贡献很大，而消费需求结构变化对资源效率提高影响甚微，进口有利于提高资源效率，出口则恰恰相反。于珍等（2010）运用资源消耗变动系数法，实证分析了1995～2007年产业结构升级和技术进步对工业能源消耗的影响，认为技术进步有利于提高资源利用效率，降低资源消耗。

3. 资源消耗的研究方法

从研究方法来看，投入产出分析法是定量研究资源消耗的主要方法。自列昂惕夫和福特（Leontief & Ford，1972）最先将投入产出方法应用于计算美国资源消耗以来国内外的学者广泛应用投入产出方法研究能源和环境问题。列昂惕夫模型为：$E = ex = e(I - A)y$，其中 E 为国民经济各部门所消耗的能源总量，e 为各部门单位产值的资源消耗，x 为各部门的增加值，I 为单位矩阵，A 为直接消耗系数矩阵，y 为最终需求的列向量。投入产出法将经济系统各组成部分（中间消耗、最终需求、要素投入）融合起来，建立相互之间的数量依存关系，因此在资源环境研究领域内广泛应用。但是，投入产出分析法反映整个宏观经济运行系统仍存在一定局限性，居民、企业、政府等经济主体行为不能够充分反映。

鉴于影响资源消耗的因素比较复杂，各种影响因素的影响程度、影响方式与作用机理各不相同，在不同阶段、不同地域的背景下各种因素对资源利用的作用差异更为明显，研究多个因素的整体分析很难透彻的研究，尽量选择某一切入点来细化更为有效（牛鸿蕾等，2012）。因此，本书选取智慧城市建设作为切入点，剖析新一代信息技术应用对资源消耗的作用机理，并定量分析其影响程度。

2.3 区域动态 CGE 模型应用

CGE 模型是机理性模型，具有坚实的理论基础，兼容了投入产出、线性规划等模型的优点，建立了经济系统内整体协调一致的相互作用机制。同时，CGE 模型又非常灵活，可以根据研究问题进行区域化、动态化的处理。

2.3.1 一般 CGE 模型

CGE 模型以严格的微观经济学为理论基础，以瓦尔拉斯一般均衡理论为核心，通过构建完全自由竞争的市场环境，来模拟冲击变量对宏观经济的影响，为研究宏观经济政策的经济效应提供了一种较为理想的数量化工具（潘浩然，2016）。CGE 模型是基于瓦尔拉斯一般均衡理论的一种数值模型，构造由一个抽象形式变为一个尽可能逼近现实经济的可计算和处理的数学模型。CGE 模型将一般均衡理论进行简化，使各种主要商品的价格和数量都可以通过模型计算出来。CGE 模型描述刻画的是经济运行系统中生产活动创造收入，收入引发消费需求，消费需求促进商品生产的经济循环过程。CGE 模型采用一系列方程体系来描述宏观经济中生产活动、商品交易和要素供给以及经济主体之间关系，在一系列优化条件的约束下进行求解，从而得出均衡时的数量和价格。在这个经济系统中，生产者在资源约束下，依据利润最大化或成本最小化原则，进行最优投入决策，确定最优供给量；消费者在预算的约束下，根据效用最大化原则，进行最优支出决策，确定最优需求量；在最优供给量与最优需求量相等情况下求出均衡价格，经济达到稳定的均衡状态。

CGE 模型把所有生产活动、商品市场、要素供给、经济主体纳入统一的研究框架，体现了经济运行系统中各组成部分之间的普遍联系。“可计算”是指 CGE 模型通过数据和模型支持，为经济研究决策提供数量分析。“一般”是指把经济系统内所有经济主体、所有市场（包括商品和要素市场）以及它们之间的联系作为一个整体进行研究，体现经济系统各组成部分的普遍联系。“均衡”包括经济主体在预算约束下的消费均衡，生产活动在资源约束下的供给均衡以及商品和要素市场的供需平衡（赵永，王劲峰，2008）。

一个 CGE 模型通常由五个部分组成（Robinson，1989）。第一，设定所要研究的经济主体，CGE 模型通常包括生产活动、商品市场、要素、居民、政府和国外等经济主体。第二，设定经济主体的行为规则，比如在资源约束条件下假设生产者利润最大化，在预算约束下居民效用最大化。第三，经济主体根据所观察到的信号进行决策，比如在一个瓦尔拉斯模型中，价格是主体唯一的信号。第四，按照经济制度来设定经济主体相互作用的规则。比如假定完全竞争，每个经济主体都是价格接受者等。第五，定义“均衡条件”，模型必须满足“系统约束”，使供需均衡并决定均衡价格。

关于CGE模型的应用领域，许多经济学者根据不同的应用目的将CGE模型应用进行分类（Bandara，1991；Ezaki，2006；Chumacero et al.，2005），随着数学方法的不断完善和计算机技术的飞速发展，CGE模型建模技术和计算方法也得到了迅速发展，越来越多的CGE模型应运而生，现在CGE模型已成为描述宏观经济的一种重要方法，几乎世界上所有的发达国家以及发展中国家都建立了自己的CGE模型（程海芳等，2003），其应用范围非常广泛。通常来说，CGE模型应用可分为国际贸易、公共政策、资源环境、其他问题四类（赵永，王劲峰，2008）。本书研究的属于公共政策问题，即上海市政府提出智慧城市建设的相关政策对经济系统的冲击，并通过经济转型指标衡量冲击效果。

2.3.2 国家级模型区域化

目前的国内外研究文献中，CGE模型主要侧重在国家层面的研究和应用，区域层面的CGE模型研究亦有许多探索。由于区域经济与国家经济在贸易方式、贸易条件、多级政府税制、地区间的要素流动等方面存在差异，因此，在一般国家CGE模型基础上对区域经济特性的刻画，就构成了区域级CGE建模的独特之处（李科，马超群，葛凌，2006）。

区域CGE模型通常与国家CGE模型有很多相似之处。由于区域CGE模型的开放性，一般认为区域CGE模型和国家CGE模型在模型结构体系和建模技术方面应该存在差异，但两者之间的基本结构十分相似。因此，区域CGE模型应用有两种趋势：一种是在模型结构中更多体现出区域特征，从而模型结构变得更加复杂；另一种则是按照与国家CGE模型基本相同的结构方法来构建区域CGE模型。区域CGE模型也要遵循生产者追求利润最大化、居民追求效用最大化、产品和要素市场是完全竞争等约束条件。利润最大化意味着企业在对投入要素时要使得成本最小化，居民消费不同价格的商品和服务，实现效用最大化。最后，所有市场达到均衡，形成均衡价格，使得所有供给等于需求。

区域 CGE 模型与国家 CGE 模型之间主要存在如下两点差异：第一，由于区域 CGE 模型相对于国家 CGE 模型更为开放，商品贸易和要素流动更为频繁；第二，区域 CGE 模型构建所需的基础数据比国家 CGE 模型而言更难获得，这也是阻碍区域 CGE 模型发展的原因之一。近年来，随着统计数据的日益完善和 CGE 建模技术的进步，区域 CGE 模型开始被更多的应用于区域经济分析领域。帕特里奇和里克曼（Partridge & Rickman，1998）分析了区域 CGE 模型的建模技术和应用领域，指出区域 CGE 模型虽然面临诸多挑战，但其仍是区域经济分析领域的有效工具。

目前关于区域 CGE 模型的构建越来越多，主要由于中国不同区域的经济运行系统经济特征存在差异性，而且各区域间的经济联系复杂多样（赵娜，2011）。研究方法主要有两类：第一类是模拟政策冲击对某一区域经济运行系统的影响，如庞军（2005）构建的动态区域 CGE 模型模拟奥运投资对北京经济与环境的影响，段志刚等（2005）构建的区域 CGE 模型模拟所得税改革效应对广东的影响；第二类是构建多区域 CGE 模型进行对比分析，比如李娜（2009）构建的中国八区域 CGE 模型反映区域差异和区域联系对中国区域政策效果的作用。

从现有文献来看，以上海为研究对象的区域 CGE 模型尚不多见，本书将构建以上海经济转型为研究对象的区域 CGE 模型，模拟新型智慧城市建设投入对经济转型的影响。

2.3.3 静态模型动态化

从时间维度上可以将 CGE 模型分为静态模型和动态模型，动态模型是在静态模型的基础上加入静态模型所不能体现的使经济发展的动力因素，如储蓄偏好对投资的影响，生产资本的积累，劳动力的增加，科技进步导致的生产率提高等。动态模型可以很好地将 CGE 与内生经济增长理论结合起来，用以追踪经济体在外部冲击下的动态走势。静态 CGE 模型能够比较好地反映经济体内部均衡被外部冲击破坏下达到的再均衡状态，而动态 CGE 模型更能反映出经济体在内部动力（储蓄投资转换，劳动力增加等）推动下经济动态变化的过程。

$$QFS(CAP)_{t+1} = (1-\delta) \cdot QFS(CAP)_t + QINV_t \tag{2.3.1}$$

$$QFS(LAB)_{t+1} = QFS(LAB) \cdot (1+r) \tag{2.3.2}$$

CGE 模型的动态方法主要有两种：跨期动态（inter-temporal dynamic）和递归动态（recursive dynamic）。其中跨期动态模型也叫完全动态模型，需要对将来各期的价格进行预测，从而全局性地影响生产和消费行为。而递归动态是逐期进行假设，主体在短视（myopic）情况下进行决策。因此相对而言后者对数据要求不高，更容易实现。

2.4 本章小结

本章从智慧城市经济效应、经济转型影响因素、CGE 模型应用角度进行综述。主要工作及创新有如下三点：第一，构建新型智慧城市建设框架，从新一代信息基础设施、新型智慧应用、信息技术产业角度进行综述，结果表明智慧城市建设相关研究更多强调对经济“速度”的影响，忽略了对经济“质量”的研究。第二，提出了经济转型研究的三个阶段，建立从产业结构、劳动报酬、资源消耗为主要指标的经济转型衡量方法，并对影响经济转型的因素进行综述，发现信息技术是影响经济转型的重要因素之一，并贯穿于各个经济转型衡量指标，但从智慧城市建设投入角度定量模拟分析尚未有研究。第三，从研究方法的角度，对 CGE 的区域化、动态化进行综述，说明 CGE 模型是研究新型智慧城市与上海经济转型“因果关系”的合适方法。

第 3 章

新型智慧城市建设影响经济转型的作用机理

新经济增长理论有力地支撑了新型智慧城市与经济转型的关系研究。罗默、格罗斯曼（G. M. Grossman）和赫尔普曼（E. Helpman）等将技术内生化建立基于 R&D 的内生经济增长模型，认为技术进步是经济增长的内生源泉。新型智慧城市是以 5G、人工智能等新一代信息技术为核心驱动力，对城市经济转型创新发挥重要作用。新型智慧城市建设包括新一代信息基础设施、新型智慧应用、新一代信息技术产业，本章分别从三个维度研究新型智慧城市对宏观经济系统运行产生冲击的逻辑关系和作用机理。

3.1 新型信息基础设施投入影响经济转型的作用机理

新冠肺炎疫情以来，国家大力投资新型基础设施建设，对冲新冠肺炎疫情影响。与“铁公基”为主的传统基础设施建设不同，新型基础设施建设是以新发展理念为引领，以技术创新为驱动，以信息网络为基础，面向高质量发展需要，提供数字转型、智能升级、融合创新等服务的基础设施体系。姜卫民（2020）对比我国现有总体投资乘数和“新基建”投资乘数，论证了

“新基建”的必要性。总体来说，以5G为核心的新一代信息基础设施投资主要影响表现为乘数效应、溢出效应和网络效应。

3.1.1 信息基础设施的乘数效应

信息基础设施的乘数效应衡量的是信息基础设施建设作为固定资产投资，通过投资增加引起经济总量的变化程度。乘数效应（multiplier effect）是一种宏观的经济效应，是指经济活动中某一变量的增减所引起的经济总量变化的连锁反应程度。凯恩斯认为：在一定的边际消费倾向下（边际消费倾向大于零），国民经济中新增加的投资可以导致收入的成倍增加。投资乘数是衡量投资效应强弱的指标，是指投资增加一倍所导致均衡国民收入增加的倍数。新冠肺炎疫情背景下，加大5G、数据中心、工业互联网等新型信息基础设施投资，可以发挥投资的“逆周期”调节作用。

新一代信息基础设施投资的“乘数效应”体现在关联效应方面。新一代信息基础设施投资的乘数效应为：信息基础设施投资规模增加，直接和间接带动上下游产业增长，在产业之间乘数效应的作用下带动区域经济增长。具体体现在两个方面：第一，前向关联效应：5G建设提升信息服务速度，物联网建设延伸信息末梢，大数据建设提升信息处理能力，新一代信息基础设施作为供给为企业等其他部门提供更高速、泛在、智能的信息服务产品，增强新一代信息服务供给水平，发挥新一代信息基础设施的推动作用，促进区域经济增长。第二，后向关联效应：新一代信息基础设施投资能够带动5G基站、传感器、服务器等通信产品服务的需求，信息基础设施对其他产业产品的依赖程度影响着其他产业的发展速度，依赖程度越大越能有效促进其他产业的发展。研究结果表明，信息基础设施的产出弹性具有一定区域差异性，在上海等东部发达地区，信息基础设施产出弹性显著为正。而且，随着信息基础设施资本在社会总资本中所占份额大幅上升，信息基础设施投资对经济增长的直接贡献大大增加，而且对经济增长的贡献是可持续的（Oliner，2000；Sichel，2002）（见表3－1）。

表 3 – 1　　投资乘数效应内容

“乘数效应”分类	主要内容
前向关联效应	作为供给，为企业等其他部门提供光纤宽带、云服务等更高速、泛在、智能的信息服务产品，发挥信息基础设施的推动作用
后向关联效应	作为需求，带动基站、传感器等产品和相关的通信服务产业链，拉动其他产业发展

信息基础设施建设投资存在“门限效应”。当其他产业的发展相对比较“滞后”，信息基础设施服务快速发展时，信息基础设施更多地表现出拉动作用；当信息基础设施服务供不应求时，通过提高信息服务能力则可以有效地促进经济的发展，此时信息基础设施对经济的影响更多表现为推动作用。

信息基础设施投资乘数效应的作用程度不仅依靠投资规模、结构、方式，也有赖于投资效率。信息基础设施投资效率是指一定信息基础设施投资规模的产出效率。而且，信息基础设施投资效率与产业结构密切相关（刘宇，2005）。上海作为国际大都市，信息基础设施投资效率与产业结构关联性更高，主要是三个原因：一是上海产业结构复杂，各产业之间联系密切；二是上海的总部型经济，以及贸易中心、航运中心、金融中心、经济中心、科创中心的五个中心建设，将带动和辐射长三角地区乃至全国，与其他区域产业结构就越具有互补性，使得上海与其他区域的物质、能量、信息流动越频繁；三是上海服务业占比高，产业结构向现代产业结构方向发展，对信息基础设施需求大。另外，信息基础设施投资不存在对社会资本的“挤出效应”，保证总体投资效率。虽然工信部逐步开放民营企业进入通信业，但是由于5G通信等“管道类”传统信息基础设施投资进入壁垒较高，不存在显著的挤出效应。但是，随着物联网、数据中心等“云端类”新一代信息基础设施成为重要投资内容，因其碎片化、多元化特征，吸引更多社会投资参与，社会资本“挤入效应”将更加显著。

信息基础设施投资对产出具有较大的、持续时间长的正影响，且时滞相对较短（郭庆旺，贾俊雪，2006）。信息基础设施投资可以在短期内刺激经济增长，而且当期的投资乘数效应不受信息基础设施投资结构影响，但是

5G、人工智能、数据中心、工业互联网等信息基础设施的投资结构将在中长期对经济增长和经济质量发挥重大影响。然而投资效应并不一定呈线性增加，呈现一定的非均衡性。从时间趋势上看，大部分地区交通运输邮电基础设施资本的产出弹性从20世纪90年代开始经历了一个先逐渐上升、再逐渐下降的倒“U”形过程。

综上所述，“新基建”背景下的上海新型信息基础设施的投资效应具有动态性、区域性、复杂性。上海新型信息基础设施投资，要结合经济高质量发展需求，比较现实产出和潜在产出增长率，审慎地调整5G、数据中心、物联网等新一代信息基础设施投资结构和投资节奏，充分发挥信息基础设施投资的乘数效应，确保宏观经济持续快速稳定的高质量增长。

3.1.2　信息基础设施的溢出效应

信息基础设施具有非排他性的性质，对经济增长有着显著的溢出效应（刘生龙，胡鞍钢，2008）。所谓溢出效应也称为“外部性”，指的是产品的生产和消费会给不直接参与这种活动的个人或企业带来有害或者有益的影响（胡鞍钢，2009），非排他性是“溢出”发生的根本原因。其中，当影响有益而受益者又没有支付相应的费用时，称为正外部性；当影响有害而受害者又没有获得相应赔偿，就是负外部性。信息基础设施的应用不存在排他性，使用者大量增长将使得其包含的信息密度越大，信息基础设施带来的外部效应（如降低交易成本、提高交易效率等）就越明显（陈亮，陈杰伟，徐长生，2011）。在外部效应方面，其他基础设施通常为外部负效应，如交通基础设施在使用者越多的情况下越容易造成交通堵塞，水利基础设施使用者越多越容易造成水资源匮乏。但是，信息基础设施体现明显的外部正效应，使用者越多，信息密度越高，网络价值越大。特别是新一代信息基础设施，网络连接、数据资源呈几何级增长，智能化、精细化程度更高，可能表现出对经济增长更强的促进作用。

由于溢出带有扩散的性质，随着新一代信息基础设施的改善，信息、知识等创新要素会扩散到整个经济范围，对区域经济发展具有强大的支撑作用。技术的溢出效应主要来源于两个方面：一是来源于示范、模仿和传播；

二是来源于竞争环境。前者是技术信息差异带来的正面影响，后者主要取决于市场特征及相互影响。新一代信息基础设施投资的溢出效应，可以从对经济的总供给方面的贡献和总需求方面的贡献两个方面来阐述。一方面，从改善供给效率来看，新一代信息基础设施投资的增加提高信息生产和服务能力，从而为获得更高的生产率提供保障，从而增加产出和社会财富，促进经济增长。另一方面，从提高需求效率来看，新一代信息基础设施投资作为国民收入中的需求要素，不论能否对供给面的改善产生任何的经济影响，投资本身都会作为总需求的组成部分对经济增长做出积极贡献。内生增长理论认识到信息基础设施作为生产性基础设施，作为中间投入能够有效降低其他生产要素的生产成本、提升生产效率，深化劳动分工协作、促进社会化大生产，从而使经济获得内生增长动力（Bougheas et al.，2000）。研究中，新一代信息基础设施的“溢出效应”主要体现在以下几个方面：

1. 提高全要素生产率

新一代信息基础设施提供更好的信息服务环境，如“润滑剂”一样减少要素流动的摩擦力，促进全要素生产率的提高。达根等（Duggal et al.，1999）将信息基础设施服务作为影响技术因子引入生产函数，认为信息基础设施通过提高全要素生产率来影响经济长期可持续增长。赫尔滕等（Hulten et al.，2006）采用希克斯中性的效率函数模型，证实信息基础设施的“溢出效应”使平均生产函数向上移动，提高产出效率。刘秉镰等（2010）运用空间面板计量方法证实信息基础设施水平的提升能显著提高全要素生产率。新型信息基础设施作为核心基础设施，对全要素生产率的提高有更为积极的促进作用。

2. 发挥消费带动效应

新一代信息基础设施建设影响劳动报酬，促进“消费带动效应”。根据现有文献研究，劳动报酬主要受资本深化、技术进步、国际贸易、产业结构等因素影响。一是信息基础设施建设促进居民生活消费。新一代信息基础设施建设可以带动5G、人工智能等相关产业链技术研发和应用部署，提供富有技术含量的高质量就业岗位，提升技术在要素分配中的比重，从而提高劳动报酬。劳动报酬提高有助于提升居民收入，降低恩格尔系数，促进居民消费。二是新一代信息基础设施建设促进企业消费。新一代信息基础设施建设通过溢出效应，提供工业互联网、人工智能等高端信息服务，发挥技术带动产业发展的“头雁效应”，促进产业升级，提升网红经济、直播带货等新经济模式，提振智能客服、智能风控、智能工厂等企业消费。

3. 提升资源利用效率

新一代信息基础设施投资，有利于提高资源利用效率。在新型智慧城市建设背景下，新一代信息基础设施投资更多考虑节能减排问题。首先，信息通信行业自身提升资源利用效率动力。囿于成本压力和低碳环保要求，数据中心建设不断降低能源效率（power usage effectiveness，PUE）指标，建设绿色数据中心成为行业共识。但是由于数据中心建设规模增长过快，导致总体能耗有所增加，但是单位能耗产出的信息基础设施服务能力相比，资源效率有所提高。其次，新一代信息基础设施投资更多实现共建共享，如铁塔公司信息管线公司、建通公司等企业出现，更多以第三方进行信息基础设施建设，避免重复建设。而且在5G建设过程中，电信和联通已经实现共享5G基站，避免重复建设。第三，新一代信息基础设施实现万物互联，促进智能建筑、环境监测、能耗监测应用，间接提升资源利用效率。

3.1.3 信息基础设施的网络效应

新一代信息基础设施建设使得网络终端呈几何级增长，加速信息要素流动，大幅增加信息密度，具有显著的网络外部效应。从合作博弈的角度看，网络效应就是规模经济效应（张诚等，2005）。新一代信息基础设施存在直接网络效应和间接网络效应，而间接网络效应是信息基础设施特有的（张安2006）。直接网络效应是指消费者直接和网络单元相连，可以直接增加消费者的使用效用。间接网络效应是指随着一种产品使用者数量的增加，市场出现更多品种的互补产品可供选择，而且价格更低，从而消费者更乐于购买该产品，间接提高了该产品的价值，如硬件和软件。网络效应有三个影响因素：一是网络规模，意味着网络用户数量的增长，将会带动用户总所得效用的几何级增长；二是网络节点的关联度，如果网络中有很多节点，但是个节点之间彼此不联系，网络的价值只表现为自有价值；三是网络的标准化程度，网络的外部性取决于各节点之间的兼容度。新一代信息基础设施建设推动信息传输网络的升级换代，特别是5G、物联网、云计算等新一代信息技术的发展，促进泛在、宽带、融合、绿色的高速网络形成，使得大规模信息采集、传输、交换、共享成为现实，在形成一定规模网络之后将产生更为显著的网络效应（张光南等，2010），从而推动价值创造方式由价值链向价值网络转变（见表3－2）。

表3－2　　新一代信息基础设施的网络效应

影响因素	传统信息基础设施	新一代信息基础设施
网络规模	规模小，仅限于人与人之间信息沟通	规模大，实现人与物之间的信息互通
网络节点关联度	关联程度较低，存在信息孤岛	关联程度高，强调协同与共享
网络兼容性	兼容性相对较弱，系统标准存在差异	兼容性好，具有规划设计意识，网络标准化程度高

1. 网络效应的具体体现

新一代信息基础设施的网络效应主要体现在两个方面：第一，网络价值与用户规模正相关。具有使用者越多，网络外部价值越大的特征（Roeller L H，Waverm an L，2001），特别是新一代信息基础设施通过5G、物联网等新一代信息技术，实现万物互联，将“人”的链接扩展到“物”的链接，大幅度提高网络规模，网络价值大幅提升。第二，信息集聚与区域经济正相关。由于互联、互通、共享等特性，使得信息和知识传递的时空阻碍大幅降低，在某种程度上突破了空间距离摩擦定律（张红历，2010）。信息要素集聚和流动带来的劳动力市场发育、投入共享、知识外溢、消费效应和本地市场效应（home market effects）等外部性收益。

2. 网络效应与服务业生产效率

新一代信息基础设施的网络效应是经济集聚的关键因素，对服务业生产效率具有显著的正向促进作用（胡霞，2007）。2019 年实现服务业增加值占 GDP 比重达 72%，是上海经济转型的核心领域。同时，“五个中心”（金融中心、贸易中心、航运中心、经济中心、科创中心）建设是提升服务业竞争力的核心，属于核心二次方，也是重中之重。新一代信息基础设施的网络效应对服务业的影响体现在如下几个方面：

（1）加强上海总部经济地位

新一代信息基础设施提供便捷、快速的信息通道，使得企业内部信息传递和组织成本大大降低，企业有条件实现内部不同组织的空间分离。因此，上海建设国际竞争力的新型信息基础设施可以吸引企业总部集群布局，形成总部的集聚效应。结合长三角一体化国家战略，通过“总部 - 制造基地”功能链条发挥上海总部的辐射效应，突破空间瓶颈，实现上海与其他区域的分工协作，巩固上海“经济中心”地位。

（2）提升“贸易中心”服务能力

新一代信息基础设施的网络效应提升有助于贸易供需信息集聚，对相邻地区有一定的信息“挤占”效应，比相邻地区提供更高的交易效率，并且对长三角形成辐射，促进长三角经济一体化。

（3）促进新兴业务形成

大数据、云计算、物联网等新一代信息技术的扩散，具有高创新、高增值、高关联的特点，极大地提高了信息采集、传输和处理能力，实现网络智能化、服务精准化、链接泛在化，促进新技术、新模式、新产业形成。新一代信息基础设施成为推动人工智能、大数据、工业互联网等新经济发展的关键基础要素，为数字经济注入新的活力。

3. 网络效应与劳动报酬

新一代信息基础设施的网络效应有利于促进就业能力，提高劳动报酬。信息基础设施作为独特的公共服务产品对劳动力市场供给和需求有双重作用：一方面作为生产投入要素影响生产从而影响厂商的劳动力需求，另一方面又作为市政设施吸引更多工人对劳动力供给有正效应（Duffy - Deno & Dalenberg，1993）。张光南等（2010）基于跨期利润函数和动态分析框架，利用中国1998~2006年各省工业企业面板数据，采用SUR方法实证分析信息基础设施投资的就业效应和产出弹性，发现信息基础设施投资就业效应显著，就业弹性大多介于0.5~1之间。而且对于上海等东部发达地区短期和长期就业弹性非常接近。信息基础设施对于劳动报酬有一定的影响，但是直接的影响确难以直接体现。对于影响劳动报酬的因素，学者展开的研究大多从经济全球化、技术进步、资本的扩张、产业结构的变迁、劳动保障的法律法规等方面寻找原因。①新一代信息基础设施投资促进产业结构升级，服务业的就业弹性高于农业和工业，特别是人工智能等新兴信息服务行业，劳动报酬相对较高。②新一代信息基础设施投资提升网络规模和智能化体验，大幅提升信息密度和信息流动，消除“信息鸿沟”，促进劳动者从事更具创造性的劳动，提升社会劳动报酬。③新一代信息基础设施的改善能够减少市场中的信息不对称问题，促进技术和管理方式的变革，降低企业运行成本，提高整个国民经济的运行效率，对提高劳动报酬产生积极贡献。

总体来说，新一代信息基础设施的网络效应可以更有效的集聚信息资源，并将信息资源的价值不断放大，突破时间、空间限制，突破上海发展的土地等资源瓶颈。通过城市神经网络、城市大脑等新型智慧城市的信息基础设施建设，促进经济高质量发展。

3.2 智慧应用投入影响经济转型的作用机理

新型智慧应用是以5G、人工智能、物联网、工业互联网等新一代信息技术为支撑，具有高度扩散性、知识性和增值性，体现出最活跃的现代生产力特征。新型智慧应用主要有三大转变：一是从“人”的链接向“物”的链接转变；二是从信息传输向智能处理转变；三是从满足需求向引领变革转变。新型智慧应用对宏观经济系统的影响主要体现为：第一是融合效应：新一代信息技术与产业融合促进产业结构升级；第二是就业效应：新一代信息技术促进就业结构升级。第三是环境效应：新一代信息技术作为技术手段推动节能环保。

3.2.1　智慧应用的融合效应

新型智慧应用是信息化进程的新阶段，其核心灵魂是深度融合。新一代信息技术赋予智慧应用的融合效应更加强烈，主要表现特征如下：一是物联网是基于互联网的泛在网络，通过传感器等感知设备改变了信息获取的范围和方式，信息采集的主体由“人”扩展到“物”，信息采集的方式由被动的人工采集转变为主动的实时获取。二是人工智能等新一代信息技术推动应用模式创新。从传感器采集的海量信息中，分析、整合、处理有意义的数据，以满足不同应用需求，创新应用领域和应用模式。以5G、人工智能为代表的智慧应用技术能够更深入进行融合。信息技术融合效应已得到了实践验证，目前发达国家劳动生产率提升60%～80%是靠信息技术的发展和应用来实现。美国经济之所以能够长期保持良好的增长态势，其中一个重要的原因就在于信息技术对传统产业的渗透和带动（武锋，郭莉军，2009）。信息技术能够提高生产效率，改善管理决策水平。信息技术已经渗透并深入到企业的方方面面，越来越多的企业把信息技术投资作为一种战略投资。由于信息技术可以低成本扩散，而且具有边际收益递增和规模报酬递增的特征，因此充分利用信息技术对促进我国产业结构升级具有重要的意义（刘克逸，2003）。智慧应用投入的主要目标是借助信息技术变革契机，促进新一代信息技术与经济运行在战略、管理、技术、创新等多个层次，实现全方位、跨领域、一体化的高度融合，直接和间接地促进国民经济的可持续增长（王媛媛等，2011），如图3.1所示。

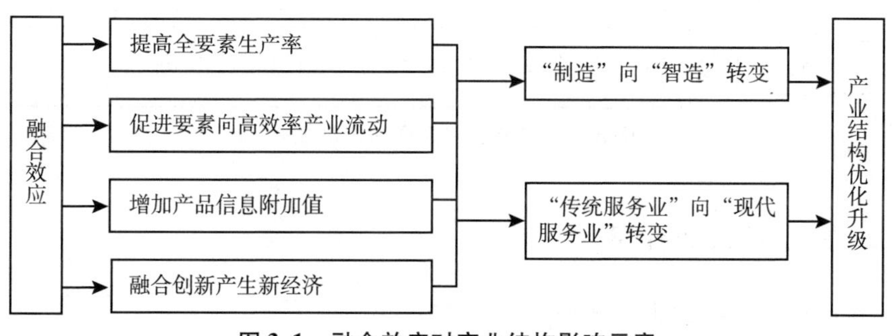

图3.1　融合效应对产业结构影响示意

1. 融合效应的模式

新型智慧应用的融合效应分为四类模式：一是技术融合，将新一代信息技术与工业技术融合，从而推动技术创新；二是产品融合，将新一代信息技术与产品设计融合，增加产品的信息技术含量，提高产品智能化和附加值；三是业务融合，将新一代信息技术与企业经营管理融合，渗透到生产、流通、管理等各个环节，促进业务创新和管理创新；四是产业融合，将新一代信息技术与其他产业融合，产生新的业态。产业融合意味着传统产业边界模糊化和经济服务化趋势，实际上是跨界融合。陶长琪（2007）认为，融合是信息化的本质特征，融合有两种作用：一种是信息化带动工业化的作用，体现在融合降低了交易费用，降低了社会的协调成本，从而更有力地促进了进一步的分工专业化。在这种情况下，分工是主要的，融合是辅助性的，融合为分工服务。融合的第二种作用，是信息化本身独有的作用，就是直接创造价值，创造异质性的财富。在这种情况下，是融合为主，专业化为辅（见图 3.2）。

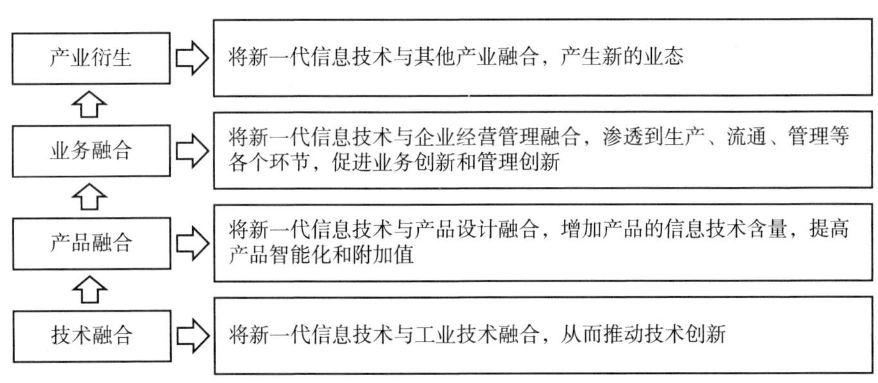

图 3.2　智慧应用融合的四类模式

2. 融合效应的作用

（1）提高全要素生产效率

新一代信息技术与传统产业的融合，能够大幅提高劳动生产率，降低企业生产成本和交易成本，扩大市场范围，摆脱“空间和时间”的限制，特别是5G、人工智能和工业互联网的应用，信息作为最为重要的生产要素，节约大量的低效率劳动。

（2）促进生产要素向高效率产业流动

配第—克拉克定理表明，由于经济发展过程中各产业存在收入的相对差距，劳动力存在由低级产业向高级产业转移的趋势。在智慧应用与传统产业过程中，大幅提高劳动生产效率。一方面，信息技术的广泛应用极大地提高了个人劳动生产率，使边际劳动生产率较低的产业对劳动力的需求下降，释放了更多的劳动力分离出来从事其他产业；另一方面，产业信息化使边际劳动生产率较高的产业的技术水平、生产效率提高，提高了产业生产附加值，从而吸引低级产业中更多的劳动力流入该产业（廖荣俊，2007）。劳动力从边际劳动生产率较低产业向较高产业转移的过程，导致产业间劳动就业结构的变化，是产业的劳动力结构不断向高级化发展的过程。

（3）提高产品附加值

新一代信息技术将增加产品的信息含量，提供更加智能、便捷的产品服务。以阿里未来酒店为例，与传统酒店不同，未来酒店没有工作人员，所有工作都交给了机器人。采用人脸识别、语音识别等人工智能技术，帮助人自动办理入住、引导、房间设置等工作。通过智慧型酒店建设，让服务更加人性化，增加服务产品价值。

（4）融合创新推动新经济形成

随着5G、物联网、人工智能等新一代信息技术的日益成熟，与传统产业在技术、业务、管理等多层次融合，推动技术创新和商业模式创新，逐渐形成新业态、新模式。以智能客服为例，通过语音识别和自然语言处理技术，替代传统大部分人工服务，大幅度提升客服效率。

3. 融合效应与产业升级

首先，新型智慧应用能够进一步深化两化融合，推动“制造”向“智造”转变。具体体现为三个方面：一是推动工业生产效率提升。人工智能、工业互联网等新一代信息技术具有能够游刃有余地渗透到制造业的研发设计、生产制造、经营管理等核心环节，快速提高生产运营各关键环节的劳动生产率。二是增加产品附加值。信息技术变革有利于改变产业投入产出之间的技术联系，促进产业层级的提高，提高产业收益率水平。三是促进生产要素效率提升。信息作为继劳动、资本、土地之外的关键生产要素，对提升要素生产率、加速要素资源的流动和集聚具有关键的促进作用。生产要素流动导致的资源优化配置既推动流入产业的发展，又提高流出产业的效益水平，资源配置的经济效益对产业结构优化起到积极作用。在信息技术促进传统工业向服务转型的进程中，制造型企业正以“卖产品”向“卖服务”的方向发展，涌现出在线运维、个性化服务、云服务等一批新业态。此外，信息服务能力的提升，还推动了分期付款、位置商务等生产服务模式的逐步普及，改变了制造业传统的盈利模式（见图 3.3）。

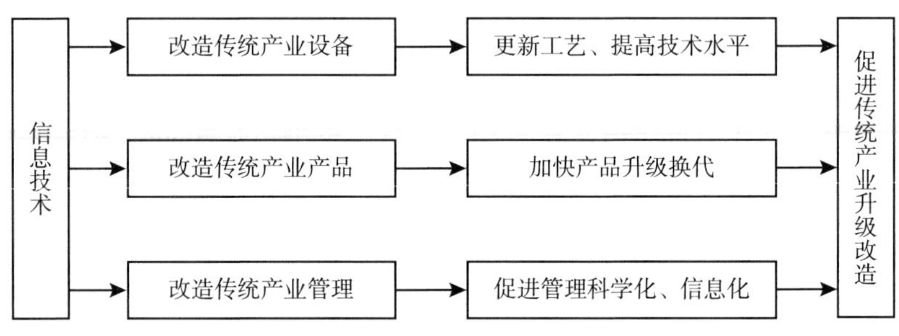

图 3.3　信息技术改进传统产业作用机制

其次，智慧应用的融合效应产生的规模扩张及外部效应，促进“传统服务业”向“现代服务业”转变。现代服务业是指以现代科学技术特别是信息网络技术为主要支撑手段，建立了新的商业模式、服务方式和管理方法基础上的服务产业，既包括新兴技术发展而产生的新兴服务业态，也包括运用现代技术对传统服务业的改造升级。伴随着新一代信息技术在各领域的应用和知识经济的进一步发展，采用新技术、新业态和新服务方式改造传统服务业，提供高附加值、高层次、知识型的服务业。例如，作为两化融合的“黏合剂”，电子商务、在线金融、网络咨询等现代生产型服务业已经成为先进制造业发展的重要支撑。

总的来说，以5G、人工智能等新一代信息技术为基础的新型智慧应用比传统信息化应用的融合效应更强，通过技术融合、产品融合、业务融合、产业衍生四种模式，促进传统制造业升级、服务业深化发展，新经济得到快速增长，推动产业结构向高级化迈进。

3.2.2 智慧应用的就业效应

新型智慧城市建设在转变经济发展方式、调整产业结构的过程中，应高度关注人工智能等新一代信息技术应用与就业增长、劳动报酬增长的关联性。新型智慧应用的就业效应分为就业替代效应和就业创造效应，智慧应用的就业效应结果取决于替代效应与创造效应的净效应。就业吸纳弹性度量指某一时期内某一行业就业量变化对产值变化的反应程度，它可用来反映该行业发展过程对劳动力的吸纳能力，即该行业的产值每变动百分之一，劳动力相应变动的百分比。就业吸纳弹性越大，说明该行业的发展对就业的效应越强（见图3.4）。

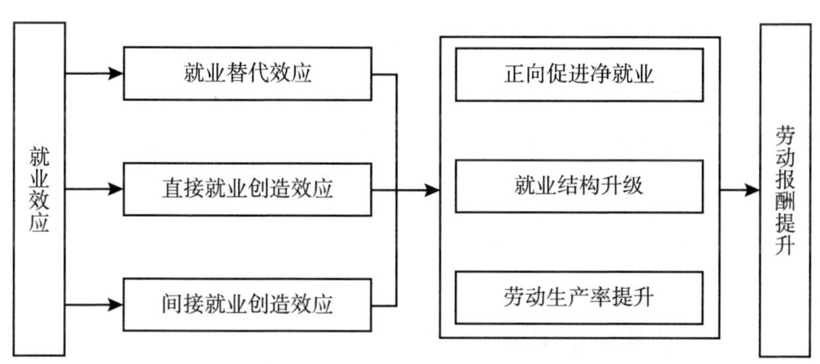

图3.4 智慧应用的就业效应与劳动报酬

1. 信息技术的就业替代效应

新一代信息技术提升劳动生产效率，降低就业弹性。通常来说，劳动效率高，完成单位产出需要投入的劳动力数量小，就业弹性水平通常较低。同时，劳动生产率提高意味着单位劳动力的产出更高，为提高劳动报酬留出充分的空间。21 世纪初，劳动生产率的提高只有 5% ~20% 是靠新技术成果的采用。而现在，发达国家劳动生产率提高的 60% ~80% 是依赖信息技术的发展与应用。与传统信息技术一样，人工智能等新一代信息技术变革促进劳动生产效率的提升，对服务业的劳动力产生更为强烈的替代作用，使得从事简单重复劳动和标准化作业的人员大幅减少。比如客服机器人、工业机器人等广泛应用，将产生巨大的就业替代效应。新一代信息技术的就业替代效应主要受技术成熟度、使用成本、应用普及度等因素影响，但这种趋势不言而喻。

2. 信息技术的就业创造效应

信息技术的就业创造效应分为显性就业效应和隐性就业效应。从显性就业效应来看，是新型智慧应用开发本身需要吸纳劳动力因而带动了就业（吴淑玲，2011）。新型智慧应用开发的知识和能力与从业人员密切相关，要求其工作者是具有专业特长和经验的高素质知识工作者。对于普通就业者来说，无异于一道很高的进入门槛。其他知识密集度不高的服务业，特别是众多的传统服务业，劳动者的进入门槛则相应低得多（王静，2008）。从隐性就业效应来看，由于信息技术的运用促进传统服务业更新和产业创新从而产生不少新的工作岗位（魏君英，2011）。从产业角度来说，新一代信息技术对于服务业就业创造效应更大，尽管人工智能等新一代信息技术初期对服务业就业产生负面冲击，但随着信息技术在服务业的深入应用和更多信息化相关服务行业的兴起，负面作用很快得到调整。

3.2.3 智慧应用的低碳效应

新型智慧城市一直将绿色低碳发展作为目标之一。新型智慧城市评价实践中，通常纳入万元 GDP 能耗降低率、绿色建筑覆盖率等绿色低碳指标评价智慧城市建设效果。比如，2016 年发布的《新型智慧城市评价指标》（GB/T 33356—2016）和中国社科院信息化研究中心发布的《中国智慧城市发展水平评估报告》等。

国际智慧城市建设往往选取节能环保为突破点，如阿姆斯特丹、东京、马斯达尔等都在绿色低碳方面推动应用智能化。智慧应用的环境效应就是将信息技术与环境友好技术、资源综合利用技术和能源资源节约技术的融合发展和普及应用。物联网、云计算等新技术的广泛应用将促进环境信息检测、传输、处理，有效检测水、空气、噪声等环境信息，以降低资源消耗。所以，与其他节能方式相比，以新一代信息技术为在各种领域应用的环境效应日益显现（见图3.5）。

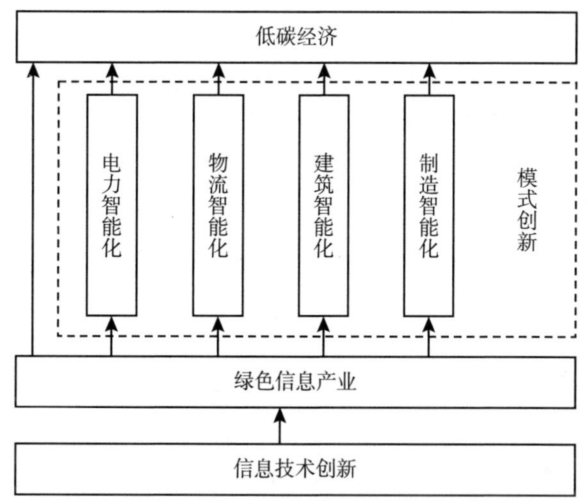

图3.5　智慧应用的低碳效应的路径

1. 低碳效应的具体体现

新型智慧应用的低碳效应体现在两个方面：一是从产业特征角度，新型智慧应用的融合效应促进产业结构升级，先进制造业和现代服务业占比不断提升，发展“低碳经济”，减少环境资源消耗；二是从节能技术方法角度，智慧物流、智能建筑、智能电网等新一代信息技术在关键行业应用，特别是5G时代，传感网络和工业互联网建设，提高资源效率，降低资源消耗。

产业结构升级意味着资源消耗减少，许多研究人员也从不同视角研究了产业结构对能源消费之间的关系。杨洪晶（2011）研究了产业结构变动与能源消费之间的关系，根据产业结构对能源消费的影响机理，利用因素分解模型将能源利用效率的影响因素分解为结构份额和效率份额。同时，得出结论，与结构份额相比，效率份额对能源使用效率影响占主导地位，即信息技术、智能控制等技术进步是能源消费强度降低的主要因素。

2. 关键领域的低碳效应

由于不同产业部门在能源消耗方面其波及效应是不同的，有些部门在其中扮演了“关键部门”的角色（徐盈之等，2012）。2008 年，欧洲发表的“智能 2020：信息时代的低碳经济”指出，预计到 2020 年，基于信息技术带动的技术创新能够减少 7 800Mt 的碳排放，占排放总量 15%。报告还指出降低资源消耗的几个关键领域：智能交通、智能物流、智能建筑和智能电网。本书选择物流、电力、建筑、制造业作为能源节约的重点领域。新一代信息技术在 4 个关键行业的创新应用，可以显著地降低温室气体排放（见表 3－3）。

表 3－3　　智慧应用低碳效应的重点应用领域

行业	原因
电力	电力行业是国民经济的支柱产业，预计到 2020 年发电量还会有更大幅度的增长，其中绿色能源将会有较大的增长。煤炭目前是发电的主要原材料，也是造成中国有较高人均温室气体排放量的主要因素
物流	交通物流业是国民经济的动脉，属于新兴服务产业，贡献超过 10% 的国内生产总值，是我国经济做大做强的重要支撑。作为一个快速增长的能源需求行业，占据了我国 10% 以上的碳排放
建筑	建筑业包括商用和民用地产业，是国民经济的支柱产业。以澳大利亚为例，商业地产在 2006 年排放了 42Mt 的二氧化碳，制冷制热排放占了 31%，照明排放了 26%，办公用电排放了 21%
制造业	制造和采矿业是中国的基础工业，是能源密集型行业，消耗了大量能源，也因此贡献了大量的碳足迹。例如，上海碳排放的主要来源仍然是工业，特别是占了 50% 排放量的 200 家企业；要争取上海的人均排放量保持在欧洲水平，就需要腾出工业排放给增长的交通与建筑排放

作为能源消耗四大行业，与四大行业相对应的智慧应用如下：

（1）智能电网

随着能源消耗的日益提高，为了更有效、更智能地传输和使用电力，智能电网和智能测量需求变得日益迫切。一方面，在电力供应领域，供电需要在发电、传输配送及零售部门间发生一系列复杂的接触，通过智能电网技术实施实时测度、在线维护等策略，可以让电力供应更有效率。另一方面，在电力消费领域，广泛应用智能电表等传感设备，对能源消耗信息的实时、准确、全面的采集与智能分析，提供实时、精准的用电监测、耗能分析、节能建议、智能控制等服务，实现能耗的可视化管理和能源的优化配置。

（2）智慧物流

采用传感器等信息技术建设智慧物流，提高供应链管理效率，解决交通物流业能源消耗问题。从物流企业来说，“智慧物流”更重视将传感网与现有的互联网整合起来，通过以精细、动态、科学的管理，实现物流的自动化、可视化、可控化、智能化、网络化，实时掌握货物安全、在途状况，实现供应链全程管理，从而提高资源利用率和生产力水平。从物流行业来说，通过建立物流公共信息平台等方式，整合物流信息资源，实现联合仓储、多式联运，提高物流效率，减少资源消耗。

（3）智能建筑

智能建筑节能是世界性的大潮流和大趋势，从可持续发展理论出发，建筑节能的关键又在于提高能量效率。智能建筑节能就是采用信息技术设备对建筑内水、电、燃气等资源消耗进行实时监测、智能分析、智能控制。我国更加注重智能建筑的节能减排，更加追求的是智能建筑的高效和低碳，国家三星建筑标准要求对能源的分项监测是必要条件之一，从客观上促进了智能建筑的发展。智能建筑所涵盖的范围在不断扩大，国外智能建筑的发展呈现出两种的明显趋势：一是智能建筑从商务楼宇向宾馆、体育场馆、医院等领域扩展；二是随着智能建筑建设范围和规模的扩大，智能建筑正逐渐向智慧社区、智能城市的方向发展。

（4）两化融合

工业互联网是“新基建”的重点领域之一，主要是将5G、人工智能等新一代信息技术与生产自动化、供应链协同等现代管理理念相结合，改善制造业的产品开发、生产组织、运营管理等各个环节，提高产品质量、生产效率和创新能力，降低资源消耗。总的来说，通过智能化信息分析技术来提供实时反馈，提高生产效率，促进制造业“自动化”，使制造业更有效率地控制流程，提供低成本、高附加值的产品。

3.3 信息产业影响经济转型的作用机理

信息产业是具有高成长性、高关联性和高渗透性特征的产业，这一观点已经为多数学者所证实和认同。新型智慧城市建设推动了以5G、人工智能为代表的新一代信息技术产业的快速应用，促进整体信息产业的快速发展和产业升级，对经济增长的贡献不断上升，对我国经济社会的转型和产业结构的调整发挥了极为重要的作用。信息产业较高的全要素生产率增长率，使得中国技术进步的变化越来越依赖信息技术的创新（王宏伟，2009）。

3.3.1 主导产业的扩散效应

信息革命引发的信息技术创新扩散、发展融合，促进信息产业发展成为新兴产业，并逐步上升为主导产业。信息产业作为主导产业，具备两个特征：一是主导产业快于其他产业的增长势头并正在或已经在产业结构中占据优势比重；二是主导产业通过前后向关联与旁侧关联能够对整个经济增长和产业结构升级发挥明显的“主导性”作用。电子信息制造业、软件信息服务业等信息产业作为主导产业的地位愈加明显，具有高创新、高投入、高增值、高关联性、低消耗的特点（唐敏，2010）。以上海信息制造业为例，2019年上海电子信息制造业实现工业总产值6 140.93亿元，占全上海六大重点发展工业行业比重26.3%。由此可见，电子信息制造业属于明显的主导产业（见表3－4）。

表3-4　　2019年上海六个重点发展工业行业主要指标

行业	工业总产值
信息技术制造业（亿元）	6 140.93
汽车制造业（亿元）	6 409.57
石油化工及精细化工制造业（亿元）	3 923.83
精品钢材制造业（亿元）	1 169.87
成套设备制造业（亿元）	4 315.06
生物医药制造业（亿元）	1 319.88
六个行业占全市比重（%）	67.6

资料来源：上海市统计局网站，http：//tjj.sh.gov.cn.

新一代信息技术产业是战略新型产业之一，是实现未来可持续发展的先导产业，引导国民经济发展和产业结构升级转换，代表着未来经济和技术的发展方向，未来可以成长为主导产业和支柱产业的新兴产业（刘若霞等，2012）。2019年，上海软件与信息服务业营业收入5 870.86亿元，增长率高达51.4%，具有明显的高成长性特征，属于上海未来经济高质量增长的先导产业。先导产业主要特点：一是具备主导产业综合效益好、产业关联效应强、经济增长潜力大等特点，二是具有低资源消耗、可持续发展、较强的科技创新能力强等特点。

新一代信息技术产业作为主导产业，通过自身的发展及对其他产业的扩散效应来实现产业结构的升级。由于技术进步率在不同产业中存在差异性，技术进步快的产业将逐步取代技术进步慢的产业成为主导产业。不同产业间此消彼长的"演化"过程，构成了产业结构变化的主要内容，而主导产业的更迭也是产业结构变动的主要标志（周叔莲，王伟光，2001）。王宏伟（2009）采用投入产出分析模型，测算信息产业影响力系数反映信息产业对国民经济各个部门的波及程度。研究发现，在1987~2007年的20年间，信息产业的影响力系数大于1且处于不断上升趋势，表明信息产业对其他产业部门的应用与渗透力日益加强，对经济发展的带动作用在不断扩大，信息产业已经成为国民经济发展的主导产业部门。有学者根据我国的信息投入产出表，测算出信息产业部门的感应度，实证结果说明信息产业在整个产业结构中具有重要的基础作用，对其他产业部门的带动作用巨大。

信息产业的关联度和创新扩散能力决定了主导产业的影响程度。产业融合本质上是一种创新，而创新能力和创新方式的扩散将带动产业结构的调整与优化升级。周振华（1995）认为产业结构变动的方向性是由技术创新要素在某一产业内迅速、有效地积聚，通过部门之间的投入产出关系发生前向关联和后向关联效应决定产业结构变动方向。如果没有技术创新和创新的扩散，高增长部门的更迭只是产业结构变动的低水平循环。因此，只有产业具有极大的产业关联性，通过与其他产业的融合、渗透及其扩散，才能具有较高的结构成长效应。新一代信息技术产业具有很强的产业关联度的特点，对其他产业的发展体现出很强的带动性（郭敏，2004）。在信息产业内部，带动了通信设备、终端制造、云服务等产业的发展；在信息产业外部，新一代信息技术产业对传统产业进行改造升级。

信息产业本身也在大量消耗能源和排放碳。从可持续发展的角度看，信息产业在世界范围内是个显著的耗能行业，日益受到越来越多的关注，尤其是数据中心，因为随着云计算需求导致 IDC 规模日益扩大，计算量呈几何级上升，相应的能源消耗快速增加。所以，发展绿色信息产业就是要关注信息产业自身的资源消耗问题。

3.3.2 产业融合传导机制

信息产业的产业融合传导机制是体现信息产业带动作用的重要方面。信息产业对经济增长的贡献主要表现在两方面：第一为直接贡献。信息产业作为经济活动的组成部分，信息产业自身的发展将直接促进经济增长。第二为间接贡献，信息产业与其他产业之间存在着很强的关联性，带动其他产业的增长。

“羊群效应”是产业融合传导机制的关键因素。自 20 世纪 90 年代以来，西方学者将投资或消费中的模仿行为称为“羊群效应”（herd behavior）。由于高新技术产业的高风险与不确定性，使得模仿行为广泛存在于信息产业内部各部门之间和信息产业与其他产业之间，从而导致信息产业内部融合，以及与外部产业融合过程的扩散与传播。在信息产业融合过程中，传统企业在开展物联网、云计算等新一代信息技术应用时，往往会依赖和模仿其他企业的行为而非自己的理性判断。马健（2003）认为产业融合带动产业结构转换与升级，主要是通过产业融合在产业内的企业之间和各产业之间的模仿扩散过程来实现。具体有两个方面：一是信息产业内各企业之间的示范模仿过程；二是信息产业与其他产业之间的模仿扩散过程。运用模仿行为经济学的基本原理可以揭示产业融合带动产业结构升级的传导机制。当然，非理性的"羊群行为"的存在对信息产业的发展是不利的，必须从企业实际需求出发，充分考虑物联网、云计算等新一代信息技术的成熟度，有节奏地推进产业融合（见图3.6）。

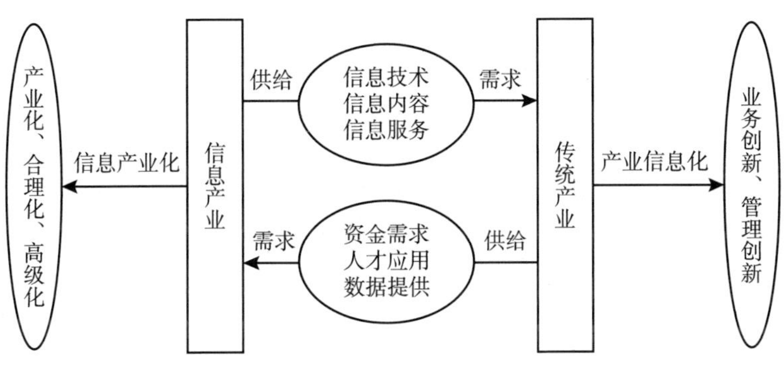

图3.6　信息产业与传统产业的互动模型

技术融合是产业融合的主要因素，信息产业与其他产业融合促进产业结构调整。产业融合产生的前提是技术融合、业务融合、市场融合以及产业管制环境的变化，产业融合是通过技术革新和放宽限制来降低产业之间的壁垒，加强产业间、企业间的竞争合作。由于新一代信息技术的渗透性、带动性、倍增性、网络性和系统性等特征，信息产业的融合有助于提高信息产业的生产效率，加速传统产业的升级改造以及促进信息技术的扩散和渗透，使得信息产业与其他产业的融合呈加速发展趋势（胡汉辉等，2003）。信息产业的发展，引发各国的经济增长"质量"的巨大变化，使经济增长方式从资源消耗型向知识型、技术型和创新型转变（刘春梅，2010）。

3.4 本章小结

本章是从新一代信息基础设施、新型智慧应用、新一代信息技术产业三个角度研究新型智慧城市建设投入对经济转型的作用机理。主要工作有三点：第一点，研究新一代信息基础设施的乘数效应、溢出效应、网络效应，剖析对经济增长、经济转型的作用机理；第二点，研究智慧应用投入的融合效应、就业效应和低碳效应，分析新型智慧应用投入影响经济转型的作用机理；第三点，论证新一代信息技术产业为主导产业，并提出信息产业作为主导产业的扩散效应和产业融合机制推动经济转型。

第 4 章

上海 ET - CGE 模型方程体系构建

根据新型智慧城市建设框架和经济转型的衡量指标，结合 CGE 模型特点，构建了以经济转型（economic transition）为研究归宿的 ET - CGE 模型。ET - CGE 模型中方程数量庞大，函数类型丰富，需要考虑研究问题的假设前提以及模型的求解等来选择合适的函数类型。本章从区域 CGE 模型特点出发，选择合理的生产函数、效用函数和均衡条件，构建 ET - CGE 模型方程体系，并结合研究问题进行宏观闭合设定。

4.1 ET - CGE 模型构建方法

CGE 模型的理论基础是基于新古典经济学的一般均衡理论。瓦尔拉斯在其 1984 年的著作《纯粹经济学要义》中首次通过严格数学推导，完整而全面地进行了一般均衡理论的论述（Walras，2003）。它不仅为研究者提供了一个系统层面的政策评估工具，还为政策制定者提供了一个理解政策运作机制的分析框架（齐天宇等，2016）。

4.1.1 ET - CGE 模型特点

ET - CGE 模型是基于一般均衡理论构建的数量化实证分析方法。为研究新型智慧城市与经济转型问题，ET－CGE 模型划分了 9 类商品及生产部门（农业、资源供应业、其他工业、信息制造业、金融业、物流航运业、其他服务业、信息通信业、信息服务业）。通过生产与贸易模块、经济主体模块、系统均衡模块，搭建起总揽经济主体之间、主体与市场、产品与要素之间复杂数量模拟模型，观测经济局部扰动对经济全局的影响。ET－CGE 模型在账户划分、变量设置等方面充分考虑经济转型衡量指标，以便于观察新型智慧城市建设投入是否有利于促进上海的经济转型。本书构建的区域 ET－CGE模型主要有如下特点：

①体现产业结构变化特点。产业结构升级是衡量经济转型的核心指标。CGE 模型在账户划分中，除考虑服务业占上海增加值比重的变化，更体现金融业、物流航运业等上海经济特点的行业账户变化。

②体现劳动报酬变化特点。根据第 2 章中经济转型的衡量指标，CGE 模型在变量设置方面突出劳动报酬内容。其中，劳动价格为 *WL*，劳动供应量为 *QLSAGG*。

③体现资源消耗变化特点。资源利用效率是衡量经济转型的重要指标。CGE 模型在账户划分时以煤炭、石油和天然气采选品、电力、热力、燃气、水的供应业作为独立账户，衡量资源消耗在宏观经济运行过程中的变化。

ET－CGE 模型作为描述经济转型问题的特定 CGE 模型，与投入产出模型和计量经济模型相比，有以下优点：第一，CGE 模型可以描述全面经济系统运行。虽然计量经济模型有严密的统计特征为支撑，但仅局限于经济系统中的少数变量，其他变量被假设为无用变量或随机噪声。第二，CGE 模型可以对经济系统中各产业部门进行约束。虽然投入产出模型可以描述各产业部门投入－产出关联效应，却没有考虑追求利润和效用最大化行为，即模型中没有相应的供需方程，也未加入生产水平限制条件。

然而，CGE 模型的局限性在于：第一，大部分数据来源于某一年份的投入产出表，其统计中的数据误差可能对模型的构建产生负面影响。第二，模型中涉及的参数不易获得，并且模型构建初始对生产及需求函数的选择非常敏感。为减少模型不确定性，需借鉴前人研究经验进行参数筛选和定义。

4.1.2　ET - CGE 模型构建流程

构建区域 CGE 模型是，一般由“自上向下”（Top - Down）和“自下向上”（Bottom - Up）两种方法。希格斯等（Higgs et al.，1988）认为由于数据和计算的原因，结合使用两种方法是不错的选择（见图 4.1）。

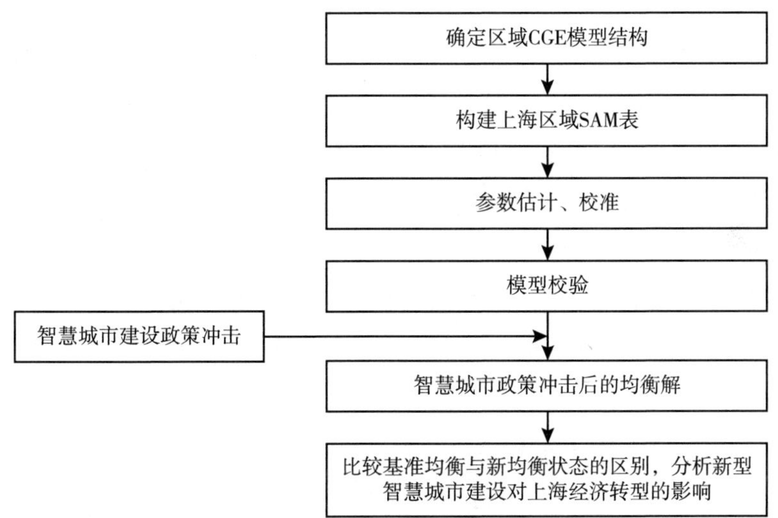

图 4.1　构建上海 ET - CGE 模型的六步法

从总体结构来说，ET - CGE 模型包括三个方程组，分别表示生产供给、商品需求和供需平衡关系，在三组方程中都包含着相应的最优化约束条件（徐滇庆，1993）。

4.2　模型主要函数选择

4.2.1　生产函数选择

生产函数是表示在一定的技术条件下，生产要素组合与产出之间的数量关系，微观经济学中，生产函数描述厂商的生产行为，宏观经济模型中，用来描述一个部门的生产行为，也可以将整个经济系统看作是一个厂商的生产行为。

1. CES 函数

常替代弹性函数（constant elasticity of substitution，CES），是 CGE 模型中用的最频繁的非线性函数。在帕特里奇（Partridge，1998）所综述的 38 个地区 CGE 模型中，只有三个没有应用 CES 生产函数。佩罗尼（Perroni，1998）在比较 leontief 函数、超越对数、标准二次函数和 CES 函数在 CGE 模型中应用结果后，认为嵌套的 CES 函数适合于均衡分析，但对于其他函数形式，由于所需参数及数据组织所限，CGE 模型的模拟结果对 CES 函数较为敏感（McKitrick，1998）。

在 CGE 模型中，CES 生产函数通常只包括两个投入，如果有更多投入，需要用“嵌套”的办法解决（Arrow et al.，1961）。两要素的 CES 生产函数的标准格式是：

$$q = f(x_1,\ x_2) = A(\delta_1 x_1^{\rho} + \delta_2 x_2^{\rho})^{\frac{1}{\rho}} \tag{4.2.1}$$

其中，q 是产出，x_1，x_2 是投入要素，A 是全要素生产率($A>0$)，$\delta(0<\delta<1)$ 是份额参数，δ_1，δ_2 是生产投入 x_1，x_2 各自的贡献“份额”，$\rho(\rho<1)$ 是替代参数。ρ、δ_1、δ_2 和 A 作为 CGE 模型的行为参数，代表经济主体内在特性，一般不能直接获取，需要通过估计（estimation）或校准（calibration）的方式得到（Go et al.，2016；Mehdi & Fakhri，2019）。而且，份额参数需要满足 $\delta_1+\delta_2=1$。

根据微观经济学原理，对于生产活动部门始终遵循产出量一定的条件约束下，遵循投入成本最小化原则。假设两个投入商品的价格分别为 p_1 和 p_2，其最优化模型可以表述为：

$$\min C = p_1 x_1 + p_2 x_2 \tag{4.2.2}$$

约束条件为：$q = f(x_1,\ x_2) = A(\delta_1 x_1^{\rho} + \delta_2 x_2^{\rho})^{\frac{1}{\rho}}$ （4.2.3）

通过构建拉格朗日函数求解以上最优化模型，函数为：

$$\min_{x_1, x_2, \lambda} L(x_1, x_2, \lambda) = p_1 x_1 + p_2 x_2 - \lambda [A(\delta_1 x_1^{\rho} + \delta_2 x_2^{\rho}]^{\frac{1}{\rho}} - q) \quad (4.2.4)$$

通过一阶微分求极值点，对 x_1，x_2，λ 分别求偏导。通过联立方程，结合替代弹性的经济学定义，可得替代弹性：$\sigma = 1/(1-\rho)$。由于生产投入商品之间存在替代关系，故替代弹性 $\sigma > 0$。

2. Cobb - Douglas 函数

柯布 - 道格拉斯生产函数最初是美国数学家柯布（C. W. Cobb）和经济学家保罗·道格拉斯（Paul H. Douglas）共同探讨投入和产出的关系时创造的生产函数。C - D 函数是在生产函数的一般形式上改进，引入技术资源因素。经典的 C - D 生产函数可以看作 CES 函数的特例，实际上是 CES 函数的指数 ρ 趋向于 0 时的极限情况。

两要素的 C - D 函数基本形式为：

$$q = f(x_1, x_2) = A x_1^{\delta_1} x_2^{\delta_2} \quad (4.2.5)$$

为保证规模效益不变，份额参数 $\delta_1 + \delta_2 = 1$。

C - D 函数的最优解如下：

$$x_1 = \frac{q}{A}\left(\frac{p_2}{p_1} \cdot \frac{\delta_1}{\delta_2}\right)^{\delta_2} \quad (4.2.6)$$

$$x_2 = \frac{q}{A}\left(\frac{p_1}{p_2} \cdot \frac{\delta_2}{\delta_1}\right)^{\delta_1} \quad (4.2.7)$$

3. 列昂惕夫（Leontief）函数

列昂惕夫生产函数是一种具有固定投入比例的生产函数，即其中间投入和要素投入之间的比例是固定的，即其投入要素具有不可替代性，各要素投入之间为完全互补。列昂惕夫生产函数实际是 CES 函数的一种特例，当参数 $\rho \to -\infty$ 时，CES 生产函数演变为列昂惕夫生产函数。

$$q = f(x_1, x_2) = A\min\{x_1, x_2\} \quad (4.2.8)$$

在 CGE 模型中，中间投入部分的生产函数采用列昂惕夫生产函数，因为有现成的数据来源，权威可靠、信息量丰富的投入产出表可以用来标定其系数。虽然其他函数包含的信息更多，但是由于数据质量等的影响，不如列昂惕夫函数可靠。

4.2.2 效用函数选择

在商品消费过程中，居民和政府的消费行为成为 CGE 模型的重要组成部分。居民通过要素禀赋得到收入从而转化为对商品的需求，政府通过税收和资本禀赋得到收入再转化为对商品的需求。需求函数模型多种多样，关于 CES 效用函数和 C－D 效用函数的形式不再赘述，重点阐述 LES 支出函数。

线性支出系统（linear expenditure system，LES）的含义是消费在一种商品上的消费额和收入、本商品价格、其他商品的价格等呈线性函数关系。LES 需求函数是由 Stone－Geary 效用函数导出来的。斯通－杰瑞（Stone－Geary）效用函数的形式是：

$$u(q) = \sum_{i=1}^{n} \beta_i \ln(q_i - r_i) \tag{4.2.9}$$

约束条件为 $\beta_i > 0, q_i - r_i > 0, \sum_{i=1}^{n} \beta_i = 1$

用拉格朗日一阶优化条件得出：

$$q_i = r_i + \frac{\beta_i p_j}{\beta_j p_i}(q_j - r_j) \tag{4.2.10}$$

求得对应的 LES 需求函数是：

$$p_i x_i = \beta_0 + \beta_1 p_1 + \beta_2 p_2 + \cdots + \beta_n p_n + \beta_{n+1} Y \tag{4.2.11}$$

LES 函数在每个商品的消费上，都有一个外生给定的基本生存消费 γ_i，低于这个消费额的消费不产生效用，这个基本生存消费额 γ_i 可以被理解为生存所需水平和生活必需品。产生效用部分为 γ_i 以上的部分 $q_i - \gamma_i$，使收入—商品支出的成长轨迹产生了一个正截距，这样可以近似的体现恩格尔支出变化的状态。

本书选择 C－D 函数作为效用函数。居民的要素禀赋和需求差异，导致其消费行为相当复杂。选择 C－D 函数作为效用函数原因如下：第一，LES 函数使用要满足所有商品都是正常品（非劣品）、商品的价格弹性都小于 1、LES 的需求弹性系数同时受价格和收入变化影响的要求，束缚条件较多。第二，虽然Cobb - Douglas效用函数是CES效用函数在替代弹性取1的特殊情况，但在面对数据缺失和CGE模型研究闭合的完备性等问题，利用C - D效用函数能刻画居民消费行为更受青睐（Minwook & Lei，2014；袁磊，2013）。有学者对比分析了Cobb - Douglas效用函数和弹性参数非0的CES效用函数对开放经济体消费的影响，发现C - D效用函数能够刻画在严格交易悖论的前提下消费行为（Kang & Ye，2016）。因此，本书选用C - D函数作为描述ET - CGE模型的效用函数。

4.3　上海ET - CGE模型体系

4.3.1　ET - CGE模型结构

1. 生产活动

生产活动包括投入决策和产出决策两部分。国内商品的生产需要投入多个要素，如中间投入、劳动、资本等。如果用CES等生产函数，则替代弹性等都不易处理，一般用嵌套的方式来处理多要素投入生产函数（见图4.2）。

投入决策：在现有生产技术水平约束下，生产者需要确定生产投入组合以追求成本最小化。第一层，部门总产出是增加值与复合商品中间投入的CES生产函数；第二层，增加值是劳动与资本的CES生产函数，中间投入是各种复合商品的leontief生产函数；第三层，用于中间投入的复合商品是国内生产上海商品和外部调入商品的CES生产函数，根据阿明顿（Armington）假设，外部调入商品与上海本地生产商品之间是不完全替代关系。

产出决策：在国内的总产出中，生产部门要根据国内外的商品价格，决定总产出中分别用于出口、外地销售、上海本地内销的份额，以追求利润最大化。在竞争市场假设下，各部门的产出不能由生产者自行决定，而是由均衡条件确定（郑玉歆，1999）。

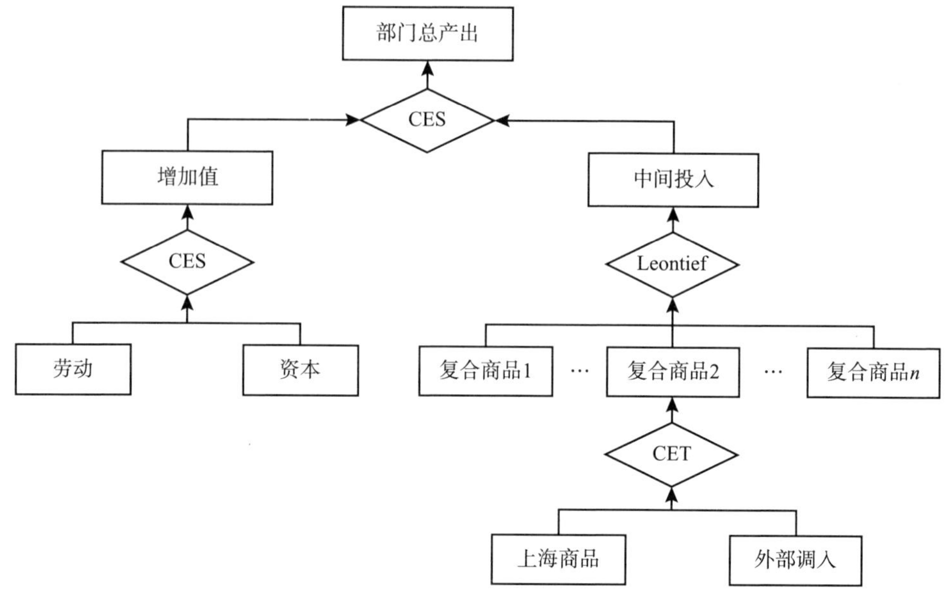

图 4.2　生产活动的模型逻辑结构

2. 商品市场

在均衡条件下，市场上的商品供需是相等的，即市场出清。上海地区部门总产出用于上海本地销售、调出到国内其他地区（简称“国内调出”）和出口三个部分。由于在不同地区销售商品具有不完全替代性，一般采用 CET 函数描述上海总产出在本地销售、国内调出和出口之间分配。鉴于上海投入产出表中将国内调出和出口合并，为便于数据可用性，在上海经济转型 CGE 模型中，本书采用宏观经济学常用的“小国假设”的方法，将国内调出和出口合并为“外部调出”。上海市场上销售的商品由上海本地生产本地销售的商品、外地生产在上海销售商品（简称“外地调入”）、进口商品三个部分组成，一般采用阿明顿假设，即三种类型商品之间具有不完全替代性，并用 CES 函数合成复合商品。鉴于上海投入产出表中将外地调入和进口合并，上海经济转型 CGE 模型中，采用“小国假设”方法，对二者进行合并成为“外部调入”。由于 CES 函数、CET（constant elasticity of transformation）的两要素投入特性，因此采用“嵌套”的方法进行处理。CET 函数也称恒变换弹性函数，从函数形式上说是 CES 函数的变种。CET 函数和 CES 函数的差别主要在于替代弹性，具体来说：当替代弹性 $\sigma>0$ 时，为 CES 函数；当替代弹性 $\sigma<0$ 时，为 CET 函数（见图 4.3）。

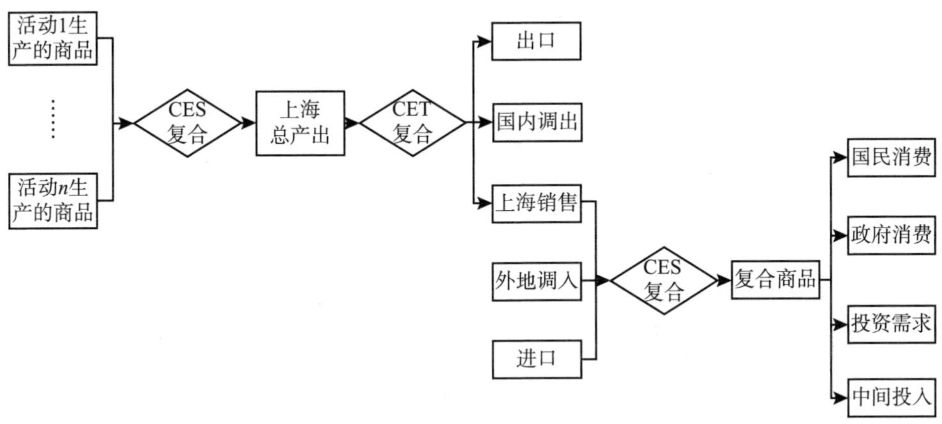

图 4.3　商品与贸易的模型逻辑结构

3. 机构模块

上海 ET－CGE 模型中的经济主体包括居民、企业、政府、区外（上海以外的国内其他地区）和国外。对于居民，假设为价格接受者，在预算约束下实现效用最大化。居民的效用函数采用 C－D 效用函数描述，允许商品之间的不完全替代。第一层，居民总需求是各种复合商品的 C－D 效用函数；第二层，每种复合商品是上海本地商品、外部调入商品（外地调入和进口商品）的 Armington 条件的 CET 函数（见图 4.4）。

政府实际上具有收税、消费、储蓄和转移支付四种作用。政府收入的主要来源是其在生产消费等领域税收、国外对政府的转移支付等；政府支出主要用于消费和对居民、企业等其他经济主体的转移支付；政府储蓄或赤字是政府收入和支出之间的差额。政府消费在 CGE 模型研究中即可以作为内生变量，也可以作为外生变量机型处理，目前大多数 CGE 模型都把政府消费作为外生变量处理（赵永，王劲峰，2008）。本书 CGE 模型中，政府消费是作为外生变量来处理。

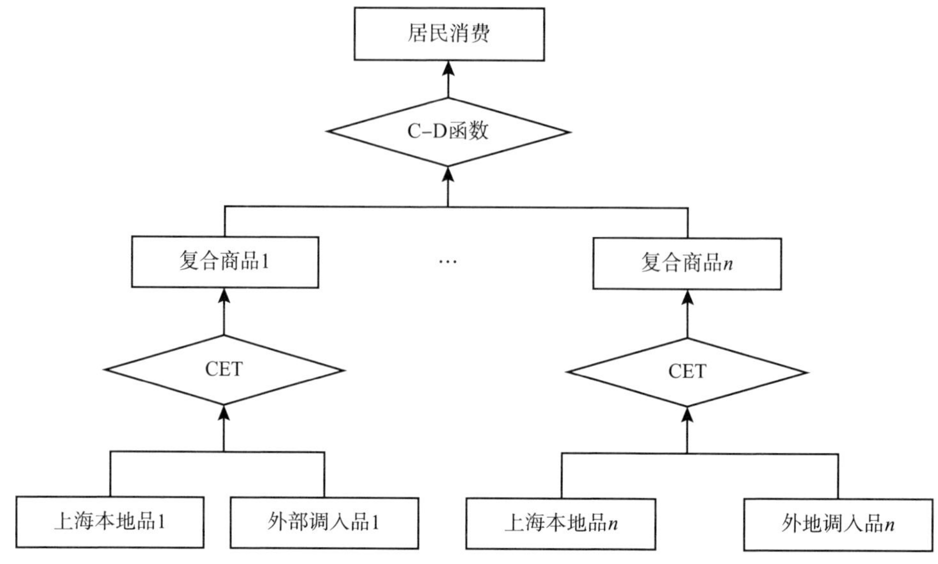

图 4.4　居民消费的模型逻辑结构

4. 宏观均衡与闭合规则

CGE 模型的均衡条件包括商品市场均衡、要素市场均衡、储蓄—投资均衡、政府预算均衡和国际收支均衡。商品市场均衡是各个部门的商品总供给等于总需求。在其他条件相同条件下，商品市场价格与商品需求量和供给量之间存在着均衡关系，在稳定价格水平上，市场供需达到均衡，也称为“市场出清”。要素市场均衡一般包括劳动力市场和资本市场均衡，其含义是指不同类型的劳动力的供给等于需求。储蓄投资均衡表示为总投资等于总储蓄，假设工资率和资本回报率内生调节使得劳动和资本达到均衡。政府预算均衡是指政府的总收入等于总支出，一般将税率作为外生变量，用政府储蓄或赤字来平衡政府预算。国际收支均衡指进出口与国外储蓄之间的平衡。按照这些均衡条件建立的模型就能够获得稳定、唯一的均衡解，但也可能存在着过度识别的问题。

宏观闭合实际上就是一组均衡条件。CGE 模型的变量数多于方程数，宏观闭合就是要将一些内生变量作为外生变量进行求解的问题（Dixon et al.，2002；Horridge，2001），但是当价格设为外生变量时，相应的数量就应该设定为内生变量，反之亦然。需要注意的是，不同的闭合规则和参数确定方法的共同作用，将很大程度上决定模型的结果（Thissen，1998），正确的宏观闭合选择对于 CGE 模型的构建和模拟有“本质”上的影响。

4.3.2 ET－CGE 模型方程体系

在 CGE 模型中，均衡价格决定商品之间的横向联系，而从纵向角度来说，每一种商品都有生产该商品的劳动、资本等生产要素市场的均衡及均衡价格。本书将以经济行为主体为顺序，列出 CGE 模型中的方程。

为增加易读性，按照美国研究流派的 CGE 数学表述的惯例，模型在企业、消费者、市场出清等各种函数的表述上和微观经济学理论一致，函数表述简洁，处理非线性函数精确。在以下的数学方程中，内生变量用大写字母来表示，外生变量用大写字母加上横杠来表示，参数用小写字母来表示。商品和变量的数量以 Q 开头，商品价格以 P 开头，要素价格以 W 开头；下标 c 表示商品，i 表示经济主体（机构），a 表示生产活动，f 表示要素。

1. 生产与贸易模块

在 CGE 模型中，生产函数嵌套为两层，顶层生产函数有中间投入和增值两个投入，采用 CES 生产函数得到总产出。

$$QA_a = \alpha_a^A \left[\delta_a^A QVA_a^{\rho_a^A} + (1 - \delta_a^q) QINTA_a^{\rho_a^A} \right]^{\frac{1}{\rho_a^A}} \tag{4.3.1}$$

$$\frac{PVA_a}{PINTA_a} = \frac{\delta_a^A}{(1 - \delta_a^A)} \left(\frac{QVA_a}{QINTA_a} \right)^{1 - \rho_a}, \quad a \in A \tag{4.3.2}$$

$$PA_a \cdot QA_a = PVA_a \cdot QVA_a + PINTA_a \cdot QINTA_a, \quad a \in A \tag{4.3.3}$$

增值部分为 CES 生产函数，投入为资本和劳动力两个生产要素，价格分别为 WL 和 WK。

$$QVA_a = \alpha_a^{va} \left[\delta_{La}^{va} QLD_a^{\rho_a^{va}} + (1 - \delta_{Ka}^{va}) QKD_a^{\rho_a^{va}} \right]^{\frac{1}{\rho_a^{va}}} \tag{4.3.4}$$

$$\frac{WL}{WK} = \frac{\delta_{La}^{va}}{(1 - \delta_{La}^{va})} \left(\frac{QKD_a}{QLD_a} \right)^{1 - \rho_a^{va}} \tag{4.3.5}$$

$$PVA_a \cdot QVA_a = WL \cdot QLD + WK \cdot QKD, \quad a \in A \tag{4.3.6}$$

中间投入部分为列昂惕夫生产函数，ica_{ca}为投入产出直接消耗系数，也就是需要使用 c 部门的商品生产一个单位 a 部门产出的总中间投入的数量关系，直接消耗系数可以由投入产出表直接校准获得，数据准确可靠，这也是本书选用列昂惕夫生产函数的一个重要原因。

$$QINT_{ca} = ica_{ca} \cdot QINTA_a, \quad a \in A, \quad c \in C \tag{4.3.7}$$

$$PINTA_a = \sum_{c \in C} ica_{ca} \cdot PQ_c \tag{4.3.8}$$

从生产活动 QA 产出到商品 QX 的关系为：

$$QA = \sum_{c} sax_{ac} \cdot QX_c \tag{4.3.9}$$

$$PX_c = \sum_{a} sax_{ac} \cdot PA_a \tag{4.3.10}$$

其中，sax_{ac}代表外生给定的活动部门与产业部门产出的商品比例系数。

上海本地生产活动的产出商品 QA 包括在上海本地销售商品 QSA、调出商品 QWA 两个部分，其替代关系由常转换弹性函数（CET 函数）描述。

$$QX_c = \alpha_c^{da} [\delta_c^{da} QSA_c^{\rho_c^{da}} + (1 - \delta_c^{da}) QWA_c^{\rho_c^{da}}]^{\frac{1}{\rho_c^{da}}} \tag{4.3.11}$$

$$\frac{PSA_c}{PWA_c} = \frac{\delta_c^{da}}{1 - \delta_c^{da}} \left(\frac{QSA_c^{\rho_c^{da}}}{QWA_c} \right)^{1 - \rho_c^{da}}, \quad c \in C \tag{4.3.12}$$

$$PX_c \cdot QX_c = PSA_c \cdot QSA_c + PWA_c \cdot QWA_c, \quad a \in A \tag{4.3.13}$$

上海销售的产品包括上海本地生产 QSC、外部调入 QWC 两个部分。同样采用 CET 函数。它们之间替换关系由阿明顿条件来描述，即具有不完全替代性。方程如下：

$$QQ_c = \alpha_c^{dc} [\delta_c^{dc} QSC_c^{\rho_c^{dc}} + (1 - \delta_c^{dc}) QWC_c^{\rho_c^{dc}}]^{\frac{1}{\rho_c^{da}}} \tag{4.3.14}$$

$$\frac{PSC_c}{PWC_c} = \frac{\delta_c^{dc}}{1 - \delta_c^{dc}} \left(\frac{QWC_c}{QSC_c} \right)^{1 - \rho_c^{dc}}, \quad c \in C \tag{4.3.15}$$

$$PQ_c \cdot QQ_c = PSC_c \cdot QSC_c + PWC_c \cdot QWC_c, \quad c \in C \tag{4.3.16}$$

2. 经济主体模块

上海 CGE 模型包含五个经济主体，包括居民、企业、政府、外部区域

（上海以外的中国地区及世界其他地区）。模块方程描述了各机构的收入和支出、转移支付等内容。

在居民账户中，居民账户作为一个整体，不再细分成不同居民类型。首先，本书研究归宿是经济转型问题，只需要研究整体居民的收入、消费等内容；其次，账户细分的依据不充分，而单纯根据投入产出表将居民账户划分城镇居民和农村居民两类，对上海实际研究意义不大；第三，如果采用其他外部数据细分，细分的居民账户对各种商品的需求弹性差异较大，对效用函数的替代弹性比较敏感。

居民收入 YH 为劳动、资本的要素收入和企业、政府、市外两个其他经济主体的转移支付之和。式（4.3.17）中，WL、WK 是劳动、资本的价格，$shif_{hl}$、$shif_{hk}$是要素收入分配到居民收入的比例，$QLSAGG$、$QKSAGG$ 是指劳动和资本的总供应量，$transfr_{he}$、$transfr_{hg}$分别代表企业、政府对上海居民的转移支付。

$$YH = WL \cdot shif_{hl} \cdot QLSAGG + WK \cdot shif_{hk} \cdot QKSAGG + transfr_{he} + transfr_{hg} \tag{4.3.17}$$

居民消费支出采用C－D函数，包括基本消费需求和超出基本消费需求之外的两个部分。式（4.3.26）中，mpc 代表居民的平均边际消费倾向；ti_h 代表居民的平均所得税税率；YH代表居民要素禀赋收入。QH_c表示居民消费商品 c 的数量，$shrh_c$代表居民在商品 c 支出占总支出的比例参数，可以通过SAM表参数校准获得。

$$PQ_c \cdot QH_c = shrh_c \cdot mpc \cdot (1 - tih) \cdot YH \tag{4.3.18}$$

$$shrh_c = \frac{PQ_c \cdot QH_c}{YH} \tag{4.3.19}$$

企业收入来自资本禀赋和转移支付，其支出主要有投资、企业所得税和对居民的转移支付。式（4.3.20）和式（4.3.21）中，$YENT$ 为资本报酬的企业部分，即企业税前收入。$shif_{ek}$是资本要素收入中分配企业中的比例，WK 是资本价格，$QKSAGG$ 是资本供应量，$transfr_{e,g}$是政府对企业的转移支付，ti_{ent}为外生给定的企业所得税率。

$$YENT = shif_{entk} \cdot WK \cdot QKSAGG + transfr_{e,g} \tag{4.3.20}$$

企业储蓄总额：

$$ENTSAV = (1 - ti_{ent}) * YENT - transfr_{h,e}$$

政府收入 YG 为资本利得、居民所得税、企业所得税、生产税、关税等。

$$\begin{aligned} YG = & \sum_a tbus_a \cdot (PINTA_a \cdot QINTA_a + PVA_a \cdot QVA_a) \\ & + \sum_c tm_c \cdot pwm_c \cdot QWC_c \cdot EXR + ti_h \cdot YH \\ & + ti_{ent} \cdot YENT + shif_{g,k} \cdot WK \cdot QKSAGG \end{aligned} \tag{4.3.21}$$

其中，$ti_h \cdot YH$，$ti_{ent} \cdot YENT$ 分别代表个人所得税和企业所得税，$\sum_a tbus_a \cdot (PINTA_a \cdot QINTA_a + PVA_a \cdot QVA_a)$ 代表征收的生产税，$\sum_c tm_c \cdot pwm_c \cdot QWC_c \cdot EXR$ 代表征收的关税，$shif_{g,k} \cdot WK \cdot QKSAGG$ 代表政府资本禀赋收入。tm_c 代表外生给定的关税税率。

政府支出 EG 为政府消费、政府对居民转移支付之和。政府的消费行为，可以利用效用函数，然后求出政府的消费函数。但现实中，政府消费和转移支付外生决定的情况更多（张欣，2010）。$transfr_{h,g}$、$transfr_{e,g}$、$transfr_{dg}$ 分别为政府对居民、企业、外部区域（国内市外、国际）的转移支付。

$$EG = \sum_{c \in C} PQ_c \cdot \overline{QG_c} + transfr_{h,g} + transfr_{e,g} + transfr_{dg} \tag{4.3.22}$$

政府储蓄为政府收入减去政府消费。

$$GSAV = YG - EG \tag{4.3.23}$$

总投资由各个部门的投资组成，外生决定，故有：

$$EINV = \sum_c PQ_c \cdot \overline{QINV_c}, \quad c \in C \tag{4.3.24}$$

3. 系统均衡模块

商品市场出清，采用国际经济学中的“小国假设”，使得上海市内所有供应等于需求，即上海商品需求为中间投入、居民消费、政府消费、投资消费之和。式（4.3.25）中，QQ_c 为上海市场总供应量，$\sum_a QINT_{ca}$ 和 $\sum_h QH_{ch}$ 是中间投入和居民消费，QG_c 为政府消费。

$$QQ_c = \sum_a QINT_{ca} + \sum_h QH_{ch} + \overline{QINV_c} + \overline{QG_c}, \quad c \in C \tag{4.3.25}$$

要素市场出清，各产业部门的劳动力需求之和等于劳动力的供给，各产业的资本需求等于资本供给之和。李成友等（2018）提出在要素市场出清条件下，工资差距会影响要素禀赋对人力资本形成。要素市场在凯恩斯宏观闭合条件下，要素需求决定要素供应。公式如下：

$$\sum_{a} QLD_a = QLSAGG \tag{4.3.26}$$

$$\sum_{a} QKD_a = QKSAGG \tag{4.3.27}$$

上海市内外平衡是指外部区域通过向上海市输入商品、劳动和资本获得收入和政府补贴；同时，上海市向外部区域输出商品，并通过投资储蓄账户达到均衡。$\sum_{c} PDM_c \cdot QDM_c$代表外部区域输入商品总额，$shif_{d,l} \cdot WL \cdot QLSAGG$代表外部区域输入的劳动要素收入，$shif_{d,k} \cdot WK \cdot QKSAGG$代表外部区域输入的资本要素收入，$\sum_{c} PDE_c \cdot QDE_c$代表上海输出的商品总额，$FSAV$代表外部区域账户净额。

$$\sum_{c} PDM_c \cdot QDM_c + shif_{d,l} \cdot WL \cdot QLSAGG + shif_{d,k} \cdot WK \cdot QKSAGG + transfr_{dg} = \sum_{c} PDE_c \cdot QDE_c + FSAV \tag{4.3.28}$$

GDP总额刻画上海经济运行全貌，在ET－CGE模型中加入如下等式：

$$GDP = \sum_{c \in C} (QH_c + \overline{QINV} + \overline{QG_c} + QDE_c - QDM_c) \tag{4.3.29}$$

$$PGDP \cdot GDP = \sum_{c \in C} PQ_c \cdot (QH_c + \overline{QINV} + \overline{QG_c}) + \sum_{c} PDE_c \cdot QDE_c - \sum_{c} PDM_c \cdot QDM_c + \sum_{c} pwm_c \cdot EXR \cdot QDM_c \tag{4.3.30}$$

4.4　宏观闭合选择

按照一般均衡理论建立的CGE模型会存在过度识别的问题。CGE模型中收入分配的优化和充分就业不可能同时实现，模型中会出现方程总数多于变量总数的矛盾（Decaluwé et. al，1987）。因此，必须选择适当的闭合规则，破坏一个均衡条件，确保能够存在稳定的、唯一的均衡解（张欣，2010）。

4.4.1 宏观闭合对问题的影响

不同的宏观闭合体现了建模者对经济环境的不同理解，同时也决定了模型的模拟结果。很多学者仍从不同经济学流派对宏观闭合问题提出见解，甚至每个流派都有自己的宏观闭合方法，即不同宏观闭合方法决定了模型所属宏观经济理论及对应经济政策。

根据瓦尔拉斯法则的一个重要结论：包含商品和要素的总共 $m+n$ 个市场线性相关，但其中只有 $m+n-1$ 个市场是独立的（张欣，2010），这意味着在已经有 $m+n-1$ 个市场出清的时候，最后一个市场会自动出清。因此，要保证 CGE 模型存在稳定和唯一的均衡解就必须破坏一个均衡条件。

德卡鲁和马汀斯（B. Decaluwe & A. Martens，1988）对研究 26 个国家问题的 73 个 CGE 模型进行了比较，其中宏观经济闭合类型是比较的重点方面之一，二人将 73 个模型中使用的闭合类型按斯恩（Sen）的方法进行分类，其结果如表 4－1 所示，从分类来看，使用新古典闭合的模型最多，有的模型还使用了多种闭合，意味着不同时期主流经济理论对闭合的选择影响非常大。

表 4－1　　73 篇论文模型所使用宏观闭合统计　　单位：个

闭合类型	新古典闭合	金翰森闭合	凯恩斯闭合	新凯恩斯闭合
使用模型个数	38	15	19	8

4.4.2 宏观闭合规则

根据不同的宏观经济思想，通过对模型进行不同的调整，将宏观闭合分为五类：储蓄驱动投资为主要特征的新古典闭合；劳动力市场不一定能实现均衡的凯恩斯闭合；无限劳动力供给的路易斯闭合，投资驱动储蓄的金翰森闭合；以工资不一定能与劳动边际产出相等的卡尔多闭合（Sen，1962）。

1. 新古典主义闭合

在保持生产者利润最大化的条件下，如果政府支出外生确定，就必须把投资水平作为内生变量，并等于计划的储蓄，投资与储蓄的均衡是由模型外的利率调节机制出清。在充分就业的情况下，投资由居民储蓄来确定，本期的投资将成为下一期的生产成本，经济的运动是由储蓄来推动，也称为是一种“储蓄驱动”模型。

CGE模型在要素市场的结构，被称为新古典主义宏观闭合。新古典闭合是CGE比较静态分析中最常用的方式（Hertel，1999）。主要特征是所有价格包括要素价格和商品价格都是完全弹性的，由模型内生决定。由于假设劳动力充分就业，因而不能模拟财政刺激政策。

劳动和资本价格 WL 和 WK 为内生。劳动总需求 QLD 等于劳动总供给 QLS，资本总需求 QKD 等于 QKS。

$$QLD(WL, WK, P) = QLS(WL, WK, P) \tag{4.4.1}$$

$$QKD(WL, WK, P) = QKS(WL, WK, P) \tag{4.4.2}$$

要素供应始终等于要素禀赋$\overline{QLS}$和$\overline{QKS}$，表示充分就业。

$$QLS(WL, WK, P) = \overline{QLS} \tag{4.4.3}$$

$$QKS(WL, WK, P) = \overline{QKS} \tag{4.4.4}$$

$$PA_a = 1 \tag{4.4.5}$$

2. 凯恩斯闭合

按照凯恩斯理论，在宏观经济萧条的状况下，劳动力大量失业，资本闲置，生产要素劳动和资本供应量不受限制。因此，劳动力供给是内生的，由需求单方面决定，而劳动价格是固定的。按照凯恩斯理论采取的系统闭合，称为凯恩斯闭合。

凯恩斯条件下，真实的资本和劳动的要素供应不等于要素禀赋，因为在经济萧条下存在失业和资本闲置。此时，劳动和资本供应量应该是内生，而资本和劳动的要素价格则是外生。

$$WL = \overline{WL} \tag{4.4.6}$$

$$WK = \overline{WK} \tag{4.4.7}$$

3. 路易斯闭合

诺贝尔经济学奖得住亚瑟·路易斯（Arthur lewis）描述发展中国家常见的经济状况是：资本紧缺，但在劳动力市场上，有大量的剩余劳动力。劳动力价格被固定在生存工资水平上，在这个价格上，劳动供应量是无限的。该理论成为路易斯无限制劳力供应理论。

$$WL = \overline{WL} \tag{4.4.8}$$

$$QKS = \overline{QKS} \tag{4.4.9}$$

4. 金汉森（Johansen）宏观闭合

在保持生产者利润最大化的条件下，如果总的投资水平是外生确定，为确保封闭模型有唯一解，可以通过税收或者财政补贴，使储蓄和投资相等，例如通过税率的调节使得投资与储蓄相等。与新古典闭合对应，金汉森闭合中储蓄是由投资确定的，整个经济是由投资驱动的。这种闭合模型一般称“投资驱动”CGE 模型。

5. 卡尔多（Kaldorian）宏观闭合

如果投资水平外生，政府支出也是外生确定，则只能破坏要素市场的最优化条件。通过收入分配使投资和储蓄平衡，不再假定实际工资等于劳动力边际产出。关于宏观闭合，可以从经济增长的结构驱动因素方面来解释其取舍，在这些宏观闭合之外，还可以有其他的组合形态和闭合方式，在实际的应用时，封闭方式的选择会有所不同。

4.4.3 本书宏观闭合设定

CGE 模型中的宏观闭合选择本质上是对宏观经济理论的选择，宏观闭合条件的设定符合上海经济实际运行情况。在对 CGE 模型的实际应用中，郑玉歆和樊明太（1999）认为，闭合的基本含义是指求解一个模型所需要的外生变量的确定及赋值，外生变量的不同选择以及模型闭合的不同选择反映了要素市场和宏观行为的不同假设。由于CGE模型是齐次方程组，即变量数与方程数要相等。宏观闭合就是选择外生变量的问题，保障CGE模型方程组的齐次性（Dixon et al.，2002）。石季辉等（2011）构建静态中国财政民生支出CGE模型，并针对45种闭合条件下居民收入变化的政策仿真结果进行检验，研究发现，凯恩斯闭合条件与我国现实的宏观经济状况相符。

鉴于凯恩斯闭合能够有效描述中国经济运行实际情况——政府投资行为外生决定、经济增长依赖于内需扩大、劳动力、资本要素自由流动、投资驱动储蓄。由于上海是全国经济龙头，吸引全国乃至全球劳动要素和资本要素聚集，影响劳动供给和资本供给的关键因素是价格。因此，本书构建的ET－CGE模型的宏观闭合条件选择凯恩斯宏观闭合，即要素价格外生。

$$WL = \overline{WL} \tag{4.4.10}$$

$$WK = \overline{WK} \tag{4.4.11}$$

在国际收支平衡中，汇率机制有两种：浮动汇率和固定汇率。同样，CGE模型中，也有两种外汇体制的闭合。第一种是浮动汇率体制的闭合。国际收支平衡由汇率调节来实现，国外储蓄等于零。另外一种是固定汇率机制的闭合。汇率是固定的，而外汇收支一般不平衡，可以有赤字或者盈余，在CGE模型中体现为国外储蓄的变化。上海作为中国的一个经济区域，不足以影响汇率，而且我国实行以市场供求为基础，参考一揽子货币的进行有调节、有管理的浮动汇率制度，整体汇率基本稳定，所以，通常设定汇率为外生变量，国外储蓄为内生变量。即有以下方程：

$$EXR = \overline{EXR} \tag{4.4.12}$$

投资—储蓄的闭合规则有两类。一是投资驱动型的，为了使储蓄等于外生固定的投资，调整储蓄保持均衡，非政府机构的储蓄率内生调整，也即是政府可以通过投资政策的调整使储蓄等于投资。二是储蓄驱动型的，即储蓄率是外生给定，投资的商品数量乘以一个内生的变量以保证投资等于储蓄。本书的上海CGE模型采用的投资驱动型的宏观闭合。即：

$$QINV_c = \overline{QINV_c} \tag{4.4.13}$$

政府均衡中，政府的消费是固定的。税率也是设为外生固定的。政府储蓄是政府的收入减去政府的支出（外生），是系统内生的。

$$QG_c = \overline{QG_c} \tag{4.4.14}$$

CGE 模型的求解，首先要区别“求解策略”和“求解算法”。求解策略是建立一组数值化的非线性联立方程（通常是超额需求方程），他们的解为模型中所有的内生变量提供均衡值；求解算法则是求解非线性联立方程组的计算技术。求解策略设定问题，求解算法则寻求答案（Dervis et al.，1982）CGE 模型的求解算法，大致可以分为三大派别：①世界银行学派。代表人物是罗宾逊（Robinson）、阿德尔曼（Adelman）和德尔维斯（Dervis）等，主要采用水平值求解方法。②耶鲁大学学派。代表人物是斯卡夫（Scarf）、肖文（Shoven）和沃里（Walley），主要采用不动点法进行求解。③约翰森（Johansen）学派。代表人物是文森特（Vincent）、约翰森（Johansen）和迪克森（Dixon）等，沿袭约翰森的线性化求解技术。

另外，优秀的 CGE 模型软件使得求解大规模、超大规模的 CGE 模型成为现实。主要软件产品有：一是由世界银行专家开发的通用数学建模系统（generalized algebraic modeling system，GAMS），采用水平值求解技术；二是由澳大利亚莫纳什大学开发的一般均衡建模软件包。本书采取用 GAMS 进行求解。

4.5 本章小结

本章的目的是构建智慧城市建设投入问题的 CGE 模型方程体系，主要工作如下：一是分析 CGE 模型特点，明确 CGE 模型的构建流程；二是介绍主要的 leontief、C－D、CES 三种生产函数和 CES、C－D、LES 三种效用函数，并分析本书选择相应生产函数、效用函数的依据；三是建立模型的整体逻辑结构，构建模型方程体系；四是分析了宏观闭合问题，结合上海经济运行实际，设置模型的宏观闭合。

第 5 章

上海 ET - CGE 模型的数据基础

社会核算矩阵简称 SAM（social accounting matrix）表，是 CGE 模型最通用的标准数据组织形式（翟凡，1997）。SAM 表主要有三个功能：一是为组织经济数据提供全面和连续的框架；二是模型参数“校准”的数据基础；三是用于模型结果的对比分析。因此，采用 CGE 模型研究上海的经济转型问题，必须有与模型相一致的基准 SAM 表。编制 SAM 表对系统性、复杂性要求非常高，涉及内容包括 SAM 的整体构建方法、数据来源及调整、SAM 表调平等工作。本章围绕新型智慧城市建设投入对上海经济转型影响的研究目标，基于构建 CGE 模型，编制上海经济转型 SAM 表。

5.1 区域 SAM 表的结构与编制

5.1.1 区域 CGE 模型的典型结构

1. 区域 CGE 模型的支付流

SAM 表以矩阵形式全面刻画了经济系统中各部门、各经济主体以及要素市场与商品市场之间的关系，从而形成综合、全面、一致的社会经济系统

“快照”（Thorbecke，2000）。SAM 表为 CGE 模型提供必要的数据基础，SAM 表的结构与 CGE 模型结构有着紧密的对应关系。总的来说，SAM 表为构建 CGE 模型所要求的纷繁复杂的经济数据提供一个逻辑清晰、内容详细、结构灵活的分析框架，体现特定年份所研究区域经济系统内不同账户和机构之间的交易和转移（赵永等，2008）。上海经济系统错综复杂的关系和主要支付流可以用下图表示，图 5.1 中箭头表示支付的流向。

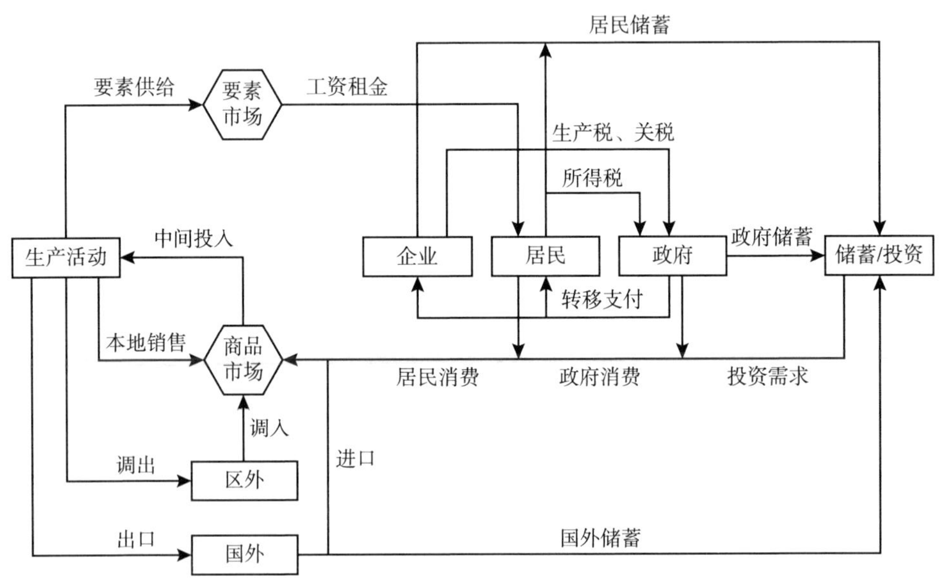

图 5.1 上海 ET－CGE 模型的主要支付流

SAM 表具有很强的灵活性，其结构可以根据研究目的进行细分或者合并，其规模也可以根据研究内容进行扩展。SAM 表的编制实质上来说，就是对标准化的 SAM 矩阵结构从一般到特殊的扩展。

2. 区域 SAM 表的典型结构

SAM 表的形式为国民经济核算矩阵，在特定时期内对国家或者区域内各种经济行为主体之间的数量关联进行记录，简言之，SAM 表就是以数字方式再现经济循环过程（蔡跃洲，2007）。SAM 表能够把不同来源（投入产出表、资金流量表、统计年鉴等）的数据组织在统一的框架内，体现社会再生产循环过程，把“生产活动、初次收入分配、收入再分配、消费活动”联系在一起（霍丽骊等，2006）。

省级区域SAM表与国家级SAM表具有共同的特征，是一个核算矩阵，其中行记录账户的收入，列记录账户支出，同一账户行和与列和相等。但是，编制省级区域SAM表与国家级SAM有一定差异：第一，需要增加区外账户。省级区域不仅与国外有贸易往来，而且与国内其他区域存在密切的经济关系。第二，数据可得性相对较弱。与国家级SAM表相比，省级区域的统计数据不够丰富。第三，由于分税制，省级区域政府与中央政府在经常性项目支出和投资行为相差比较大。因此，开放型地区宏观SAM表的账户通常包括9个账户，如活动、商品、要素、居民、企业、政府、资本、区外和国外等（见表5-1）。

表5-1　　区域宏观SAM表结构

账户		支出										总计
		活动	商品	要素	居民	企业	政府	生产税	投资/储蓄	市外	关税	
收入	活动		市场产出									总产出
	商品	中间投入			居民消费	企业消费	政府消费		投资	国内市外流出		总需求
	要素	增加值										要素收入
	居民			要素收入		企业对居民转移支付	政府对居民转移支付					居民总收入
	企业			企业要素收入			政府对企业转移支付					企业总收入

续表

账户		支出										总计
		活动	商品	要素	居民	企业	政府	生产税	投资/储蓄	市外	关税	
收入	政府			政府要素收入	个人所得税	企业所得税		征收生产税			征收关税	政府总收入
	生产税	生产税										生产税支出
	投资/储蓄				居民储蓄	企业储蓄	政府储蓄			国内市外净储蓄		总储蓄
	市外		市外流入	市外要素收入			政府对市外支付					国内流出
	关税		进口关税									关税支出
总计		总投入	总供应	要素支出	居民支出	企业支出	政府支出	生产税收入	总投资	国内流入	关税收入	

SAM 表的每个账户的收入和支出平衡是必要条件，即每个账户的行和等于列和。在均衡方面，SAM 表与传统的国民经济核算类似，都是以矩阵的形式表示各账户之间的交易活动（郑俪璇等，2005）。交易活动一般可以分为三类：①市场交易，包括从行到列的实物流和服务流以及从列到行的名义流；②转移支付，包括自愿转移与非自愿转移，在 SAM 表中有从列到行的名义流而无对应的实物流，如要素账户与机构账户之间以及机构账户之间的交易活动；③金融交易，包括从行到列的资产流与从列到行的名义流，金融交易活动以投资、储蓄方式出现。SAM 表的账户数和账户内容确定，通常根据研究问题而定，主要是账户的划分与合并（李科等，2008）。

SAM 可表示为如下的数学公式：

$$T=\{t_{ij}\}\quad i=1,2,\cdots,n;\ j=1,2,\cdots,n \tag{5.1.1}$$

其中，n 是矩阵维数，行表示账户收入，列表示账户支出，t_{ij}是从账户 j 支出到账户 i 的交易数值。根据收支平衡原则，矩阵的行和与列和必须相等，即：

$$\sum_{i=1}^{n} t_{ik} = \sum_{j=1}^{n} t_{kj} \quad \forall k \in [1, n] \tag{5.1.2}$$

5.1.2 SAM表基准年份选择

如果经济是稳定的，那么基年数据的选择对模型比较静态结果的稳健性不会有影响（Barbara，1994），但如果经济是不稳定的，基年数据的选择对模型稳健性的影响较大。近年来，上海经济处于新常态，经济发展从高速度增长向高质量增长转变，创新转型成为经济发展主旋律，所以上海经济转型SAM表基准年份的选择至关重要。

由于数据的可得性问题，大部分研究成果中的基期SAM表与实际问题研究存在较长时间间隔。从现有的研究成果来看，大多数研究人员对于数据来源部分笔墨较少，大部分以极其简短的篇幅进行描述。由于SAM表是在投入产出表基础上扩展第四象限形成的，而投入产出表的编制每五年一次，一般逢2逢7才发布投入产出表，逢5逢0才发布投入产出表延长表，而且发布时间滞后2~3年。比如，2020年才发布2017年的投入产出表。就上海而言，上海市统计局已经不再发布上海投入产出表，而是依法申请方能获得投入产出表，而且仅提供42部门的投入产出表。所以，受投入产出表编制时间的限制，SAM表的编制时间也基本与投入产出表发布时间一致（见表5－2）。

表5－2　现有文献中SAM表编制时间与论文研究时间的对比

编号	作者	题目	基期	论文来源及时间
1	张顺明等	房产税政策模拟分析—基于CGE视角	以2007年IO表扩展至2012年	管理科学学报，2018年
2	张丹等	国际农产品价格波动对我国宏观经济的影响——基于动态CGE模型	2012年	系统工程，2017年

续表

编号	作者	题目	基期	论文来源及时间
3	魏巍贤等	京津冀大气污染治理生态补偿标准研究	2012 年	财经研究，2019 年
4	卢君生等	汽车购置税优惠政策应该常态化吗？——基于 CGE 模型的分析	2012 年	系统工程理论与实践，2019 年
5	陈素梅等	新型冠状病毒性肺炎疫情对中国经济的影响评估与财政支出对策	2017 年	经济与管理研究，2020 年

目前 SAM 表编制期限选择主要有两种方法，一是根据投入产出表扩展成当年的 SAM 表。从现有文献来看，大部分 CGE 模型研究成果都是采用投入产出表直接扩展的方法。如果经济是稳定的，那么这样的基础期的选择对模型比较静态结果的稳健性不会有影响；二是以投入产出表为基础建立投入产出延长表，并配合其他数据扩展成所需基础期的 SAM 表。张欣认为，以 GDP 等明确数据为控制变量，然后辅以投入产出系数，即可将投入产出表延伸至所需期限。胡宗义等（2009）就是基于 1997 年的投入产出表，通过历史模拟估计、增长源泉分解模拟，制定相应的技术和偏好系数，将由 1997 年投入产出表更新到 2005 年。肖潇等（2012）通过 ARE 模型将 2007 年的投入产出表更新至 2010 年。本书选择第二种方法编制上海市经济转型 SAM 表。

本书以 2017 年作为基期，编制上海经济转型 SAM 表，并延伸至 2019 年。主要原因：一是 2020 年上海发布了“新基建”、新型智慧城市建设方案，5G、数据中心等新型信息基础设施建设力度明显加大。二是上海统计局提供了 2017 年投入产出表，通过 GDP、投入产出系数等方法，可以延伸到 2019 年。由于时间较短，数据不会失真。三是 2020 年宏观经济形势发生明显变化，用 2019 年作为参照，CGE 模拟更有价值。

5.1.3 区域 SAM 表的编制方法

编制省级区域 SAM 表与编制国家级 SAM 表的方法基本类似。主要有两种方法：一种是自上而下（Top-Down），一种是自下而上（Bottom-Up）。自上而下的方法类似于演绎法，首先编制宏观SAM表控制各个账户的总量，然后将账户细化分解为微观SAM表。自下而上的方法类似于归纳法，首先搜集各类相关数据，编制微观SAM表，然后逐步向上集结，最后得到宏观SAM表（王其文，李善同，2008）。前者强调数据的准确性，而后者强调数据的一致性。

由于宏观SAM表中的总量数据较易获取且相对准确，本书采取“自上而下”方法编制2017年上海经济转型SAM表，并延伸至2019年。编制过程可分为3个步骤：①建立宏观SAM表，为微观SAM表编制提供一致的宏观经济框架，把宏观SAM表中的总量数据作为控制数据。②根据研究内容进行账户拆分与数据分解，编制微观SAM表。③当账户拆分后的微观SAM表出现账户收支不一致时，采用数据调平方法（如RAS法、CE法等）使其平衡（见图5.2）。

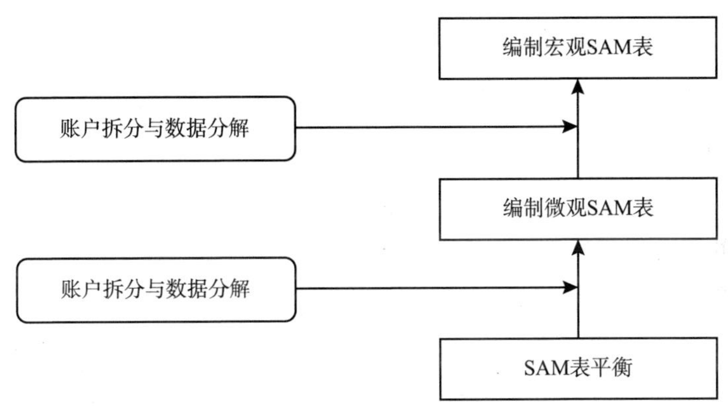

图5.2 SAM表编制的程序

5.2 上海市宏观SAM表编制

根据自上而下的方法，编制上海宏观SAM表是编制微观SAM表的基础。

5.2.1　宏观SAM表数据来源与处理

上海2017年投入产出表是上海2017年SAM表编制的主要数据来源。根据《国务院办公厅关于进行全国投入产出调查的通知》规定，从1987年起每五年进行一次全国投入产出调查和编表工作。目前，我国在尾数逢2逢7的年份进行投入产出调查，编制本年度的投入产出表，供当年及以后4年使用。在尾数逢0逢5的年份，利用最近年度的投入产出表和当年的核算各账户统计数据信息、政府部门的收支数据等，通过科学合理的计量经济学和数学方法，对最近年度投入产出表进行修订，得到修订后的投入产出表扩展版。虽然投入产出表编制成本高、周期长，要隔数年才能发布，但是其数据包含了经济体大量的微观经济数据信息，是很多定量研究分析的主要数据依据，也是构建SAM表的主要数据来源。SAM表编制可以看成是投入产出表的延伸和扩展，形成完整、直观反映上海经济特点的数据均衡表（侯瑜，2005）。2017年上海投入产出表蕴含了大量关于中间投入、增加值形成、最终支出等方面的丰富信息，较好地反映了当前上海经济特点。由于上海统计局提供的2017年投入产出表仅包含42个部门，在信息基础设施、智慧应用相应指标需要拆分。通过借鉴全国2017年投入产出表相关系数，对两个指标进行账户数据拆分。

统计年鉴等资料是编制2017年上海SAM表的重要补充。除上海市2017年投入产出表外，2018年《上海统计年鉴》《税务年鉴》《财务年鉴》等资料是重要的补充材料。由于上海的统计数据不够完备，与国家级的统计数据相比，缺少资金流量表等数据，因此，本书通过将全国数据分解等多种方式，得出所需数据，以求得数据的一致性。

有些数据可以根据行列和相等的原则得到（见表5-3）。企业储蓄、政府储蓄等数据获取比较困难的数据，可以作为列余量或者行余量来处理。另外，机构部门之间转移的数据纷繁复杂，一般在处理时没有必要把每一笔转移都表示出来，有时受数据可得性所限也不允许表示每一项收入和支出转移。因此，经常对机构部门之间转移进行简化，只是在账户收入记录净值（陈灵广，2003）。

表 5 - 3　　上海 2017 年 SAM 表资料来源

行	列	含义	资料来源
活动	商品	总产出	2017 年上海 IO 表相应行列合并
商品	活动	中间投入	2017 年上海 IO 表相应行列合并
	居民	居民消费	2017 年上海 IO 表“居民消费”，包括城镇居民和农村居民消费
	企业	企业消费	企业消费在中间投入（原材料）中体现，这里为空
	政府	政府消费	2017 年上海 IO 表中的“政府消费”
	投资/储蓄	投资	2017 年上海 IO 表中“固定资本形成总额”和“存货增加”的总和
	区域外部	调出	2017 年上海 IO 表中的“流出”
劳动	活动	劳动投入	2017 年上海 IO 表中的“劳动者报酬”
资本	活动	资本投入	2017 年上海 IO 表中的“固定资产折旧”和“营业盈余”
居民	劳动	劳动收入	2018 年《上海统计年鉴》中上海就业人员、外来务工人员、国外来沪就业人员人数比例分配劳动要素禀赋
	资本	资本收入	2018 年《上海统计年鉴》
	企业	企业对居民的转移支付	2018 年《上海统计年鉴》中的“保费收入”
	政府	政府对居民的转移支付	2018 年《中国统计年鉴》、2018 年《上海统计年鉴》、2018 年《上海财政年鉴》
企业	资本	企业的资本投资收入	2017 年上海 IO 表中的“营业盈余”
	政府	政府对企业的转移支付	2018 年《上海统计年鉴》
政府	资本	政府投资收入	2018 年《上海统计年鉴》中政府债券收入
	居民	个人所得税	2018 年《上海统计年鉴》个人所得税
	企业	企业所得税	2018 年《上海统计年鉴》企业所得税
	生产税	生产税	2017 年上海 IO 表中的“生产税净额”
	关税	关税	2018 年《上海统计年鉴》
投资/储蓄	居民	居民储蓄	2018 年《上海统计年鉴》
	企业	企业储蓄	2018 年《上海统计年鉴》的“单位存款”和“企业固定资产投资”之和

续表

行	列	含义	资料来源
投资/储蓄	政府	政府储蓄	政府行总计—政府列其余项
	市外	收支净额	2018 年《上海统计年鉴》的国际收支平衡
生产税	活动	生产税	2017 年上海 IO 表中的“生产税净额”
市外	商品	商品流入	2017 年上海 IO 表中的“流入”
	资本	资本流入	市外行总计—市外列其余项
	政府	转移支付	2018 年《上海统计年鉴》
关税	商品	进口关税	2018 年《上海统计年鉴》和相关税率

SAM 表编制的难点在于基础数据的来源较多，数据之间必然存在不一致性，需要整合以协调一致（蔡跃洲，2007）。为此，在编制过程中遵循以下原则：首先尽量使用公开数据，尤其是国家统计局的公开数据，在必要时使用部分内部数据和调查数据；其次按照先总体后局部的原则编制，即首先编制一个宏观 SAM 作为控制数据，然后对各个账户进行分解、细化，编制详细的 SAM 表，以满足矩阵数据的平衡。

5.2.2　上海 2017 年宏观 SAM 表编制

根据本书研究问题的需要，本书确定宏观 SAM 表框架如表 5－4 所示。

5.3　上海市微观 SAM 表编制

编制上海 2017 年微观 SAM 表，主要工作分为两个方面：第一，根据研究问题对宏观 SAM 账户进行细分，确定编制微观 SAM 表账户；第二，以上海 2017 年宏观 SAM 表账户数据为控制变量，确定微观 SAM 表账户数据。

表 5－4　　上海 2017 年宏观 SAM 原始表　　单位：万元

账户	活动	商品	劳动	资本	居民	企业	政府	生产税	投资储蓄	外部调出	关税	总计
活动		940 532 901										940 532 901
商品	634 203 001				129 701 000		45 808 700		121 931 100	700 637 215		1 632 281 016
劳动	136 072 392											136 072 392
资本	117 103 074											117 103 074
居民			81 342 519	21 837 520		3 707 300	34 001 720					140 889 059
企业				82 426 360			28 838					82 455 198
政府				7 768 000	17 311 428	36 078 798		53 154 434	2 739 000		33 737 500	150 789 160
生产税	3 154 434											53 154 434
投资储蓄					27 332 600	42 669 100	－18 503 800			17 761 467		78 709 567
外部调入		658 010 614	54 729 873	5 658 194								718 398 682
关税		33 737 500										33 737 500
总计	940 532 901	1 632 281 016	136 072 392	117 103 074	174 345 028	82 455 198	150 789 160	53 154 434	69 259 367	718 398 682	33 737 500	

5.3.1 上海微观 SAM 表账户划分

微观 SAM 表的账户划分尚无通用的标准形式，但可以根据基本原则进行账户划分。微观 SAM 的细化程度权衡研究目的和数据可得，账户划分也成为编制 SAM 表的重要内容。若账户划分太粗，编制 SAM 表容易，但不能有效地达到研究目的；若账户划分过细，可能引起基础数据不足。本书从智慧城市结构和经济转型的研究内容出发，以数据可得性和可靠性为基础，将宏观 SAM 表分解细化为微观 SAM 表。划分的原则主要包括：第一，基础数据的可得性和可靠性；第二，体现智慧城市建设框架及经济转型相关内容；第三，反映各部门之间的经济联系。

上海新型智慧城市建设主要包括信息基础设施、智慧应用和信息技术产业三个部分，衡量经济转型的标准包括产业结构调整、消费需求增加、能源消耗降低等。因此“生产活动”“商品”等部门账户的划分需要体现新型智慧城市和经济转型相关内容。本书主要是拆分生产活动和商品账户，要素、机构、生产税、资本账户、区外（国内市外、国外）和关税保持不变。从新型智慧城市组成角度，拆分出信息基础设施、智慧应用、信息制造业三个部门；从经济转型角度，拆分出资源供应业（煤炭采选品、石油和天然气开采品、电力、热力及水的生产供应业）、流通运输业、金融业四个部门。

CGE 模型是一个模拟政策冲击的九个生产部门的 CGE 模型，模型的基本特点是：①模型包括“农业”（AGR）、“资源供应业”（RES）、“其他工业”（IND）、“流通运输业”（SHI）、“金融业”（FIN）、“其他服务业”（SER）、“信息基础设施”（TEL）、“智慧应用”（INF）、“信息技术制造业”（ELE）九个部门。②模型将要素划分为“劳动”“资本”两类。③模型将机构划分为居民、企业、政府三个账户。④模型包括生产税、关税两个税收账户。⑤模型中资本账户反映投资储蓄情况。⑥模型包括一个区外账户（国内市外和国外）。具体的分解状况如下：

第一生产活动：分为九个生产部门。基于上海 2017 年 42 部门投入产出（IO）表，参照国民经济行业分类，部门划分如下：第一产业、资源供应业、其他工业、流通运输业、金融业、其他服务业、信息基础设施、智慧应用、信息制造业。微观 SAM 表的部门划分与 2017 年 IO 表和国民经济行业分类的对应情况如下表。

第二商品：部门分类与生产活动部门划分相同。在 GAMS 程序中，可以进行一定的处理进行区分。比如在部门名称前加上“ACT”，表示对应的生产活动部门，在部门名称前加上“COM”则表示对应的商品部门。比如 ACT01 表示第一产业生产活动，而 COM01 则表示第一产业的商品（见表 5 - 5）。

表 5 - 5　部门分类与投入产出表和国民经济行业分类的对应表

微观 SAM 表分类	2010 年上海 IO 表
第一产业	“农、林、牧、渔服务业”的 1 个部门
电力、燃气及水的生产供应业	“煤炭采选品”“石油和天然气开采品”以及从“电力、热力的生产和供应业”到“水的生产和供应业”，供 5 个部门
其他工业	从“金属矿采选品”到“电气机械及器材”的 16 个部门、从“仪器仪表制造业”到“金属制品、机械和设备修理服务”的 3 个部门，以及“建筑业”，共 20 个部门
流通运输业	“交通运输、仓储、邮政”部门
金融业	“金融业”部门
其他服务业	“批发零售业”“住宿和餐饮业”2 个部门，从“房地产业”到“公共管理和社会组织”10 个部门，共 12 个部门
信息基础设施	“信息传输、软件和信息技术服务业”按全国 IO 表账户比例拆分
智慧应用	“信息传输、软件和信息技术服务业”按全国 IO 表账户比例拆分
信息制造业	“通信设备、计算机及其他电子设备制造业”

将上海 2017 年宏观 SAM 表扩展后，得到细化的上海 2017 年微观 SAM 表。由于智慧城市和经济转型都没有详细的统计条目信息和相应的统计指标，因此本书根据智慧城市和经济转型的官方文件，采取近似的方式获取相关数据。从智慧城市账户来看，包括信息基础设施、智慧应用和信息产业三个部分。信息基础设施主要指信息采集、存储、传输为核心的网络通信，智慧应用主要指软件和信息服务为核心的信息技术应用，而新一代信息技术产

业没有对应的统计口径，鉴于新一代信息技术产业是信息产业的主要增量，影响较大，本书将以信息产业近似代替新一代信息技术产业。从经济转型账户来看，包括产业结构调整和资源利用效率提升。产业结构调整是指服务业占比提升，特别是金融中心、贸易中心、航运中心、经济中心的四个中心建设，金融中心对应金融业部门，航运中心对应交通运输、仓储、邮政部门。

5.3.2 上海2017年微观SAM表

本书编制的上海2017年微观SAM表，可结合上海2017年宏观SAM表和投入产出表的账户划分进行编制。鉴于表格较大，不再详细赘述。

5.4 上海经济转型SAM表的调平

调平是编制SAM表必需的基本数据处理步骤。在编制SAM表过程中，由于数据来源或者统计口径不同，经常出现行和与列和不相等或者数据出现异常的现象，导致SAM表是非均衡的。因此，需要对SAM表进行调平处理。在各种SAM调平方法中，较常见的是RAS法（R代表行乘数，A代表初始矩阵乘数，S代表列乘数）和交叉熵法（cross entropy，CE）。两种方法存在着紧密的联系，在实际应用方面各有优势：如果信息比较完备，则采用交叉熵法；如果行系数与列系数同等重要，则采用RAS法。

1. RAS法

在交叉熵法之前，RAS法是平衡SAM表的流行方法。在已知行列目标总值的情况下，利用矩阵现有总值和目标总值的比例，通过反复迭代，使最后的矩阵行列总值达到目标数值。

第一步，从列方面调整逼近。将原始SAM表元素 Q_{ij}^{0} 除以列总值，然后乘以列目标总值，从而得出新的元素值 Q_{ij}^{1}：

$$Q_{ij}^{1} = Q_{ij}^{0} \frac{Q_j^*}{\sum_i Q_{ij}} \tag{5.4.1}$$

第二步，将新矩阵再从行方面调整逼近，方法类似。

$$Q_{ij}^{2} = Q_{ij}^{0} \frac{Q_i^*}{\sum_j Q_{ij}} \tag{5.4.2}$$

第三步，再按第一步方法从列方面进行调整；第四步，从行方面调整……反复迭代后，直到最后的矩阵（SAM 表）的行列总数和已知的可靠目标总值基本一致，误差在允许范围之内，直至最后收敛。

RAS 法适用于行和与列和已知的情形，以此为目标，通过反复迭代调整矩阵中的元素使得最终行和与列和都达到该目标值。RAS 法最大的优点是简单易用。但正因为简单，RAS 方法也存在缺陷：迭代依据缺乏经济学基础与意义，仅从数学的角度迭代出最终结果；只考虑了行和与列的信息，未能借助矩阵元素的准确程度信息，错误地将较精确的数据与其他数据一视同仁地进行了调整。基于经典 RAS 法的这些不足，史东（Stone，1977）和拜荣（Byron，1978）等做了一些算法改进工作，但是仍然没能很好地弥补原来的不足。

2. CE 法

交叉熵法是平衡 SAM 表的现代流行的技术。自从罗宾逊和卡特内（Robinson & Cattaneo，2000）等将成功应用于统计推断方面的 CE 法应用于 SAM 平衡后，很多 SAM 编制者都开始采用这种方法进行 SAM 调平。信息经济学中用信息熵来衡量某一消息的信息强度，若某一事件的先验概率分布为 $P=(p_1, \cdots, p_n)$，某条信息的出现使得事件的后验概率分布变为 $S=(s_1, \cdots, s_n)$，则该条信息的信息熵强度是：

$$z = \sum_{i=1}^{n} s_i \log \frac{s_i}{p_i} \tag{5.4.3}$$

从而信息熵越大，说明该信息导致的后验分步与先验分布差异就越大。CE 方法的目标是使得初始矩阵与最终矩阵之间的信息熵最小化。CE 法从理论上可以分为确定型 CE 法和随机型 CE 法，张欣（2010）将 CE 法分为直接 CE 法和系数 CE 法，认为直接 CE 法主要用于对初次构建的 SAM 进行调平，系数 CE 法主要用于对因某些新信息导致 SAM 不平衡情况下的调平。

（1）确定型 CE 法

假设待调平 SAM 表为 n 行 n 列的矩阵 A_0，调平后的 SAM 表为同等维度的矩阵 A_1，其元素分别表示为 a_{ij}^0和 a_{ij}^1，同时令：

$$Q^0 = \sum_{i-1}^{n} \sum_{j=1}^{n} a_{ij}^0, Q^1 = \sum_{i-1}^{n} \sum_{j=1}^{n} a_{ij}^1 \tag{5.4.4}$$

将 SAM 中元素进行如下的标准化调整：

$$\overline{a_{ij}} = \frac{a_{ij}^0}{Q^0},\ a_{ij} = \frac{a_{ij}^1}{Q^1} \tag{5.4.5}$$

则最小化交叉熵的优化问题描述为：

$$\min_{a_{ij}^1} H = \sum_{j=1}^{n} \sum_{i=1}^{n} \left(a_{ij} \log \frac{a_{ij}}{\overline{a_{ij}}} \right) = \frac{1}{Q^1} \sum_{j=1}^{n} \sum_{i=1}^{n} \left(a_{ij}^1 \log \frac{a_{ij}^1}{a_{ij}^0} \right) - \log \frac{Q^1}{Q^0} \tag{5.4.6}$$

$$\text{s. t.} \begin{cases} \sum_{i=1}^{n} a_{ij}^1 = \sum_{j=1}^{n} a_{ij}^1, & i,j = 1,2,\cdots,n \\ a_{ij}^1 \geqslant 0 \end{cases} \tag{5.4.7}$$

优化问题中，设计初始 SAM 的都是常数，新 SAM 中的元素 a_{ij}^1是优化变量。在这个最小化的过程中，要防止极端调整导致错误的结果，即避免 Q^1 趋近于无穷。通常可以为$\overline{Q^0}$设定一个可以宽松的调整幅度，如 0.5 ~ 2 之间。实际上避免了极端情况后，实际的调整幅度都是非常接近 1。

（2）随机型 CE 法

编制 SAM 所采集到的原始数据本身存在着统计方法误差和系统性误差，因此将待调平 SAM 中的元素看作随机数更能体现问题的本质。罗宾逊和卡特内（Robinson & Cattaneo，2000）认为随机 CE 法中行和与列和都是存在误差的非固定参数。从而 SAM 调平的过程就是使随机误差最小化的过程。$\overline{X}$、$\overline{Y}$令分别代表待调平 SAM 的初始列和与行和，对各元素除以$\overline{Y}$，得到一个类似于投入产出表直接消耗系数矩阵的 SAM 系数矩阵 A，其元素调整如下：

$$a_{ij} = \frac{a_{ij}^0}{\sum_{i=1}^{n} a_{ij}^0}, \quad i,j = 1,2,\cdots,n \tag{5.4.8}$$

令Y代表调整后行和列向量，从而SAM行和等于列和的要求用矩阵乘法表示为：

$$A \times \overline{X} = Y \tag{5.4.9}$$

引入误差项后上式变为：

$$Y = A \times (\overline{X} + e) \tag{5.4.10}$$

同时还有

$$Y = \overline{X} + e, \quad \cdots, \tag{5.4.11}$$

其中e是误差向量。对上面两式应用交叉熵方法对误差最小化，将误差项写成某个常数加权平均的形式：

$$e_i = \sum_k w_{ik} v_{ik}, \quad 0 \leqslant w_{ik} \leqslant 1, \sum_k w_{ik} = 1 \tag{5.4.12}$$

其中w_{ik}是权重系数。v是一个外生给定的常数向量，定义为误差集的支持集。理论上v可以有很多不同的做法，罗宾逊和卡特的做法是设定三个误差项$w_{i1}=0$，$v_{i2} = -v_{i3}$，从而隐含了误差是0均值方差为$\sigma^2 = \sum_{k=1}^{3} w_k v_k^2$的分布。但这一做法并不是最简洁的，张欣（2010）中给出了更为简洁但不影响效率的方法：

$$v_{i2} = \overline{Y_i} - \overline{X_i} \tag{5.4.13}$$

结合前面，对SAM调整进行交叉熵最小化的目标函数为：

$$z = \sum_{j=1}^{n} \sum_{i=1}^{n} \left(a_{ij} \log \frac{a_{ij}}{\overline{a_{ij}}} \right) + \sum_{i=1}^{n} \sum_{k} \left[w_{ik} \left(\log w_{ik} - \log \frac{1}{t} \right) \right]^2 \tag{5.4.14}$$

其中t表示误差支持集元素的个数。在行列和相等和参数取值范围约束下求解该最小化问题就可以得到使交叉熵最小的最优SAM。

（3）RAS法与CE法的比较

最小二乘法、斯通—拜伦（Stone－Byron）法等方法也可用于SAM的平衡，然而影响都远没有RAS法与CE法广泛。直观来看，RAS法侧重于保持矩阵本身数值结构（即各元素相对于行和与列和的比例关系），而CE法更侧重于保持矩阵的系数矩阵结构（即标准化后的元素对列和的比例关系）。有研究证明，在已知行和与列和信息的情况下，两种方法结果非常相近。

3. EGRAS 方法

本书参考何志强（2020）基于 GRAS 方法改进的 EGRAS 方法进行调平和更新，EGRAS 具有保号、保凸、保零、无偏、避免正负项抵消等优点，能够减少先验信息丢失，提高调平经济学含义。

为保号和保零，西奥和简（Theo & Jan，2003）巧妙地构建了 GRAS（the Generalized RAS-method）方法，并被广泛应用于 SAM 表调平和 IO 表更新。该优化模型引入非负流量调整系数 a_{ij}，具体如下：

$$GRAS = \min \sum_{ij} |x_{ij}^0| \cdot a_{ij} \ln a_{ij}$$

约束条件为：

$$\sum_j x_{ij} = u_i$$

$$\sum_i x_{ij} = v_j$$

$$a_{ij} \geqslant 0$$

$$x_{ij} = a_{ij} \cdot x_{ij}^0$$

当 $a_{ij} > 0$ 时，$x_{ij}/x_{ij}^0 = a_{ij} > 0$，具有保号性。当 $x_{ij}^0 = 0$ 时，有 $x_{ij} = a_{ij} \cdot x_{ij}^0 = 0$，具有保零性。万兴等（2010）用 GRAS 方法进行 SAM 表调平模拟，发现 GRAS 方法在方向检验和接近度检验中有良好表现。但是，GRAS 方法目标函数无下界，会存在正负项抵消问题。因此，改进后的 EGRAS 方法如下：

$$EGRAS = \min \sum_{ij} (a_{ij} - 1) \ln a_{ij}$$

约束条件为：

$$\sum_j x_{ij} = u_i$$

$$\sum_i x_{ij} = v_j$$

$$a_{ij} \geqslant \varepsilon > 0，\varepsilon \text{ 为外生变量}$$

$$x_{ij} = a_{ij} \cdot x_{ij}^0$$

本书通过构建 SAM 表调平和 IO 表更新的 EGRAS 方法，实现保号、保零、保凸等优点，还能避免正负项抵消，不需要定义 0/0 = 1 和 0ln0 = 0，直接进行大规模计算。

5.5 本章小结

本章以上海市2017年42部门的投入产出表为基础，结合智慧城市对经济转型影响的研究问题，编制了上海市2017年SAM表，并结合GDP、投入产出系数等数据，延伸为2019年上海经济转型SAM表。本章主要工作：（1）以2017年作为上海经济转型SAM表基准年份，根据新型智慧城市建设对经济转型影响的研究主题，编制上海2017年宏观和微观SAM表；（2）采用EGRAS方发对上海2017年初始SAM表进行调平。

第 6 章

上海 ET - CGE 模型的参数估计

CGE 模型中大量的弹性参数及份额参数需要估计和标定。参数值的估计或选取是否准确合理，对模型的可靠性和模拟结果的合理性具有直接的影响。本章将从 CGE 模型参数估计内容和方法、弹性参数估计以及参数校准三个部分阐述，其中弹性参数估计是重点内容，包括 CES、CET、Armington 的弹性估计，特别是劳动和资本的替代弹性估计。

6.1 CGE 参数估计内容

参数估计内容主要可以分为三类：一是份额参数，如中间投入与增加值的份额、劳动与资本的份额、中间投入成本比例、进出口比例等，主要通过“校准”方法获得。二是弹性参数，如 CES 生产函数的替代弹性、CET 函数的替代弹性等，主要通过计量经济学方法或者借鉴现有文献获得。三是效率参数，主要是根据既定弹性参数估计结果，通过校准方法获得。

参数估计的方法主要有三类：一是计量经济学方法。这种方法通常首先针对要估计的参数，收集相关的时间序列数据，然后在经济计量学的统计检验假设条件下，采用统计方法求出参数的估计值。这种方法的优点是估计的数据可靠性高，缺点是需要收集多年的时序数据，数据采集困难。二是参考已有文献。目前关于 CGE 的研究成果日益丰富，许多专家学者在研究时都会进行相应的参数估计。后续的研究人员可以根据模型假设和研究问题进行有选择的借鉴，也是参数估计的一条捷径。三是标定（calibration）的方法。采用某一年的基准数据，通过CGE模型中的各个具体方程确定其参数的取值，这种方法的优点是数据收集比较容易，缺点是数据可靠性相对低。

CGE模型也存在一定的局限性，主要包括：参数的经验估计薄弱、缺乏历史验证和在长期模拟中假设经济结构没有变化（Go et al.，2016）。由于SAM表不能直接反映出弹性参数值，需要更为丰富信息和数据，并通过计量经济学的方法进行测算，但是受制于数据匮乏、统计口径、测算方法等原因，往往结果不尽如人意。许多专家学者对CGE模型中的弹性参数进行大量而丰富的研究（郑玉歆，1999；赵永和王劲峰，2008），并给出参考性的弹性数据，其中部分经过证明的有效研究成果为后续研究提供宝贵的借鉴意义。针对有限的SAM表数据，构建基于CGE模型的交叉熵方法（简称"CGE-SAM-CE方法"），可对参数进行估计，但该方法强依赖于参数估计的分布和误差分布的经验假设，并需要时间序列的SAM表数据，而且只能对正的参数进行估计。何志强（2020）基于上海2012年SAM表，提出CGE-SAM-EGRAS方法，无须参数估计分布和误差分布的经验设定，同时进行包含负的流量值SAM表调平和负的弹性参数估计。本书重点参考CGE-SAM-EGRAS最优化模型，对CES函数、Arminton函数和CET函数进行弹性参数、份额参数和规模参数的估计。

对于其他一些份额类参数，一般以SAM表为基础，直接通过校准公式计算获得。本书对需要估计参数的方法进行归纳，如表6-1所示。

表6-1　　主要参数估计的内容与方法

参数	内容	估计方法
弹性参数	增加值与中间投入的CES替代弹性	CGE-SAM-ERAS
	资本与劳动的CES替代弹性	CGE-SAM-ERAS
	上海销售商品与外部调出商品的CET替代弹性	CGE-SAM-ERAS
	上海生产商品与外部调入的CET替代弹性	CGE-SAM-ERAS

续表

参数	内容	估计方法
份额参数	增加值与中间投入的 CES 份额参数	校准
	资本与劳动的 CES 份额参数	校准
	中间投入的 leontief 投入系数	校准
	上海销售商品与外部调出商品的 CET 份额参数	校准
	上海生产商品与外部调入商品的 CET 份额参数	校准

6.2 替代弹性参数估计方法

替代弹性是采用计量经济学方法估计，然而参数估计方法的选择和基础数据组织对结果有较大的影响。阿罗（Arrow，1961）等最早采用成本最小化的一阶条件估计制造业 CES 生产函数替代弹性参数，自阿罗等人后，人们开始采用不同方法估计替代弹性参数，得出不同的研究结果。以截面数据估计的替代弹性接近 1，以时间序列估计的替代弹性偏小，而且不同方法得出不同的估计结果。博鲁特（Berudt，1976）利用 6 种不同的函数形式、5 种不同的资本价格测量方法和两种估计方法对替代弹性进行研究，得出结论是“替代弹性对不同数据观测方法和数据结构是非常敏感的”。所以替代弹性估计方法非常重要，关系到整个模型的稳健性。目前常用的估计方法有三种：最小二乘法、贝叶斯估计、GME 估计。

1. 最小二乘法

按照克曼塔（Kmenta，1967）介绍的方法，当规模参数为 1 时，对等式两边取对数，并在 $\rho=0$ 处取泰勒级数展开，舍去 3 阶以上的高阶项得到 CES 生产函数的近似线性表示：

$$\ln Q=\beta_0+\beta_1\ln K+\beta_2\ln L+\beta_3\left[\ln\left(\frac{K}{L}\right)\right]^L \tag{6.2.1}$$

式（6.2.1）中 $\beta_0=\ln(\gamma)$，$\beta_1=\delta$，$\beta_2=1-\delta$，$\beta_3=-0.5\rho\delta(1-\delta)$，使

用实际观测值，用Eviews可以直接实现最小二乘法的估计，其方程为

$$\ln(q)=c(1)+c(2)\cdot\log(k)+[1-c(2)]\cdot\log(l)-0.5\cdot c(3)\cdot c(2)\cdot c[1-c(2)]\cdot[\log(k)-\log(l)]^2 \tag{6.2.2}$$

2. 贝叶斯估计

使用贝叶斯方法估计CES生产函数的替代弹性参数的方法的研究有很多（Chetty & Sankar，1969；Tsurumi et al.，1976；McKibbin et al.，1999）。用贝叶斯方法估计CES生产函数替代弹性，可以很容易地将要素投入扩展到2个以上。贝叶斯方法是基于贝叶斯定理的统计分析方法，主要是将未知参数的先验信息与样本信息进行综合，然后根据贝叶斯定理得出后验信息，再根据后验信息推断未知参数。

对CES生产函数两边取对数，并引入误差项ε，假设K、L是外生变量而且独立于ε，得到结果如下：

$$q-k=\alpha-\left(\frac{1}{\rho}\right)\cdot\ln[\delta+(1-\delta)\cdot e^{-\rho(1-k)}]+\varepsilon \tag{6.2.3}$$

其中$q=\ln Q$，$k=\ln K$，$l=\ln L$，$\alpha=\ln\gamma$。假设ε服从于均值为零，方差为τ的正态分布，记参数向量$\theta=(\alpha,\delta,\beta,\tau)$。则似然函数为：

$$\ell\left(\frac{\theta}{q}\right)\propto\tau^{\frac{n}{2}}\exp\left|-\left(\frac{\tau}{2}\right)\sum_{i=1}^{n}(q_i-k_i-\mu_i)^2\right| \tag{6.2.4}$$

其中，$\mu_i=\alpha-\left(\frac{1}{\rho}\right)\ln[\delta+(1-\delta)e^{-\rho(l_i-k_i)}]$。

对于未知参数先验信息$p(\theta)=p(\alpha,\delta,\beta,\tau)$，假设$\alpha$服从正态先验分布，$\tau$服从Gamma先验分布；对于$\delta$，根据其取值范围（0，1），把区间均匀分布作为先验分布；对于ρ，根据郑玉歆（1999）的研究成果，中国不同部门的生产替代弹性值为$\sigma=\frac{1}{(1+\rho)}$，大致范围在0.1～2之间，经过换算取（-0.5，9）区间的均匀分布为ρ的先验分布。

贝叶斯有别于只依据样本信息的经典统计学，贝叶斯统计是综合样本信息和未知参数先验信息，根据贝叶斯定理计算出的后验分布推断未知参数的统计方法。待估计参数不再被认为是常数，而看作是具有某种分布的随机变

量（茆诗松，1999）。也正是基于这样的基本假设，使得贝叶斯方法不再像经典统计方法那样囿于样本容量，可以较好地解决许多小样本问题。

3. GME 估计

由于 $\ln K$、$\ln L$ 和 $[\ln(K/L)]^2$ 可能存在着共同的变化趋势，因此三者之间可能会存在多重共线性问题，从而导致参数估计值失真或者难以估计准确，进而影响以估计量为基础的模型各项检验（Caddy，1976；任若恩，1992）。广义最大熵方法（generalized maximum entropy，GME）在处理小样本、多重贡献问题方面具有较好的特性（Golan et al.，1999），GME 方法可以比较灵活的采用非线性约束和不等式条件，不需假设误差项分布，甚至在误差项不服从正态分布以及外生变量相关联情况下，GME 仍然稳健（Golan et al.，2001）。

GME 基本思想是将所有的未知参数转换为概率形式（Zhang et al.，2001）。GME 的基本流程为：先将未知参数和误差重新参数化，成为离散型随机变量凸组合，再利用新参数重写模型为一致性的约束条件，最后构造 GME 的目标函数，并进行数值求解（Al－Nasser，2003）。也就是说，参数的 GME 解是一致性约束拉格朗日乘子、参数支持空间以及样本数据的函数。

4. CGE－SAM－EGRAS 方法

朱尼厄斯和奥斯特曼（Junius & Oosterhaven，2003）巧妙地构建了 GRAS（Generalized RAS－Method）方法，最小化校正到未观测 SAM 表流量变化系数的统计测量伪距离，进行 SAM 表调平和 IO 表更新。但奥斯特曼（2005）指出 GRAS 方法存在正负项抵消问题。伦岑（Lenzen，2007）和乌默德（Umed，2013）指出了 GRAS 方法的有偏性；何志强和刘兰娟（2018）针对 GRAS 方法有偏性和无法全局求最优解进行了改进，改进后的目标函数为 $\sum_i (a_i - 1)\ln a_i$，并给定 a_i 为无穷小量的下界，使得问题可求解全局最优解。何志强（2020）提出 CGE－SAM－EGRAS 方法，其目标函数为：

$$CGE - SAM - EGRAS = \min \sum_i (a_i - 1)\ln a_i + \sum_j (a_j - 1)\ln a_j \tag{6.2.5}$$

式（6.2.5）中 a_i 代表第 i 个 CGE 模型弹性参数和比例参数变化率，a_i 代表第 j 个 SAM 表流量变化率。在凸集约束条件下，CGE－SAM－EGRAS 模型有全局唯一最优解，而且无须对先验值的误差分布作假设。

CGE－SAM－EGRAS 利用信息丢失指数 AIL、信息相关指数 *Theil's U*、GDP 误差值、离差距离指数 GDM 等误差指数评估 SAM 表调平和参数估计的效果。

莱梅林（Lemelin，2009）定义了信息丢失指数（absolute information loss，简称“AIL”），表达式如式（6.2.6）。AIL 值越小，表明调平后的 SAM 表能有效保留先验信息。

$$AIL = \sum_{ij} \frac{|x_{ij}|}{\sum_{ij} |x_{ij}|} \ln\left(\frac{|x_{ij}| \sum_{ij} |x_{ij}^0|}{|x_{ij}^0| \sum_{ij} |x_{ij}|}\right) \tag{6.2.6}$$

兰德尔和艾伦（Randall & Alan，2004）定义了信息相关指数 *Theil's U*，其表达式如式（6.2.7）。*Theil's U* 值越小，表明调平前后的 SAM 表信息相关度越高。

$$Theil's\ U = \sqrt{\frac{\sum_{ij} (sam_{ij} - sam_{ij}^0)^2}{\sum_{ij} sam_{ij}^2}} \tag{6.2.7}$$

王韬等（2012）利用离差距离指数 GDM 刻画 SAM 表调平的流量调整变化，其表达式如式（6.2.8）。其中，$samchange_{ij}$表示 SAM 表流量变化率。本书选取$p=10$为代表。GDM 值越小，表示 SAM 表调平后的流量调整变化小。

$$GDM = \left(\sum_{ij} |samchange_{ij} - 1|^2\right)^{\frac{1}{p}}, p > 0 \tag{6.2.8}$$

本书借鉴 CGE－SAM－EGRAS 方法，结合本书构建的上海 2017 年经济转型 SAM 表，对 CES 生产函数、Armington 和 CET 函数进行替代弹性参数估计。

6.3　CES 生产函数弹性参数估计

本书的 CGE 模型需要估计的 CES 生产函数替代弹性参数有两个：一是中间投入与增值的替代弹性；二是劳动与资本的替代弹性。

6.3.1 中间投入与增值的替代弹性参数

目前国内外许多专家学者对 CES 函数的弹性参数做了大量研究，结合相应的数据基础，给出了相关的弹性值。本书主要以张欣（2010）、贺菊煌等（2002）作为 CGE－SAM－EGRAS 模型的先验值。替代参数 1 为张欣（2010）给出的替代参数和替代弹性，替代参数 2 为贺菊煌等（2002）给出的替代参数和替代弹性。其中，替代弹性是通过其与弹性参数之间的转换式计算得到（见表 6－2）。

表 6－2　中间投入与增值的替代弹性参数先验值

指标	替代参数 1	替代弹性 1	替代参数 2	替代弹性 2
AGR	0.2	1.25	0.3	1.43
REC	0.5	2	0.3	1.43
IND	0.5	2	0.3	1.43
ELE	0.5	2	0.3	1.43
FIN	0.1	1.11	0.3	1.43
SHI	0.1	1.11	0.3	1.43
SER	0.1	1.11	0.3	1.43
TEL	0.1	1.11	0.3	1.43
INF	0.1	1.11	0.3	1.43

基于上述两个替代参数先验值，根据 CGE－SAM－EGRAS 模型模拟对比，综合误差值、AIL 和 GDM 等误差指数，得出以张欣（2010）参数为先验值的参数据估计结果最优（见表 6－3）。

表 6－3　中间投入与增值的替代弹性参数估计值

指标	替代参数	替代弹性
AGR	0.098	1.109

续表

指标	替代参数	替代弹性
REC	0.098	1.109
IND	0.097	1.107
ELE	0.106	1.119
FIN	0.099	1.109
SHI	0.100	1.111
SER	0.099	1.110
TEL	0.096	1.106
INF	0.095	1.105

6.3.2　劳动与资本替代弹性参数估计

借鉴权威研究成果，设定劳动与资本替代弹性参数先验值。替代参数1为张欣（2010）给出的劳动与资本要素替代弹性参数和替代弹性，替代参数2为贺菊煌等（2002）给出的劳动与资本要素替代弹性参数和替代弹性（见表6－4）。

劳动与资本要素替代弹性：$\varepsilon_c^2 = \frac{1}{1 - \sigma_c^2}$。其中，$\sigma_c^2$ 为替代弹性参数。

表6－4　　劳动与资本替代弹性参数先验值

指标	替代参数1	替代弹性1	替代参数2	替代弹性2
AGR	0.3	1.42	0.91	11.11
REC	0.6	2.5	0.91	11.11
IND	0.6	2.5	0.91	11.11
ELE	0.6	2.5	0.91	11.11
FIN	0.5	2	0.91	11.11
SHI	0.5	2	0.91	11.11
SER	0.5	2	0.91	11.11

续表

指标	替代参数 1	替代弹性 1	替代参数 2	替代弹性 2
TEL	0. 5	2	0. 91	11. 11
INF	0. 5	2	0. 91	11. 11

基于上述两个先验值，采用 CGE - SAM - EGRAS 方法进行参数估计后，根据 CGE - SAM - EGRAS 模型模拟对比，综合误差值、AIL 和 GDM 等误差指数分析，得到劳动与资本替代弹性参数估计最优解（见表 6 - 5）。

表 6 - 5　　　　劳动与资本替代弹性参数估计值

指标	替代参数	替代弹性
AGR	0. 25	1. 333
REC	0. 268	1. 366
IND	0. 256	1. 344
ELE	0. 258	1. 348
FIN	0. 257	1. 346
SHI	0. 255	1. 342
SER	0. 382	1. 618
TEL	0. 258	1. 348
INF	0. 255	1. 342

陈晓玲和连玉君（2012）基于省（区、市）数据估计劳动与资本的替代弹性，发现省际差异很大（最小值 0. 126，最大值 2. 28），替代弹性大于 1 的省（区、市）大都位于东部沿海。本书研究的劳动与资本的要素替代弹性参数估计也证明了这一结论。

6.4　阿明顿与 CET 弹性的确定

上海商品市场上销售的商品包括上海生产的本地商品和外部调入商品

（包括外地商品和进口商品），居民的在实现效用最大的前提下在两者间进行最优分配消费支出；国内生产商品包括上海生产的本地销售和向外部调出（外地销售和出口）两个部分，厂商在其实现利润最大化的前提下进行最优分配。最优分配比例由相对价格及弹性决定，CGE 模型应用研究中通常采用 Armington 弹性和 CET 弹性表示。其中 Armington 弹性描述本地商品和外部调入商品的替代程度，CET 弹性描述本地销售和外部调出的替代程度。Armington 弹性和 CET 弹性的估计与 CES 生产函数替代弹性估计类似，根据优化问题一阶条件：

$$\frac{QE_c}{QD_c} = \left(\frac{PE_c}{PDS_c} \quad \frac{1-\delta_c^t}{\delta_c^t}\right)^{\frac{1}{\rho_c^t - 1}} \tag{6.4.1}$$

$$\frac{QM_c}{QD_c} = \left(\frac{PDD_c}{PM_c} \quad \frac{\delta_c^q}{1-\delta_c^q}\right)^{\frac{1}{1+\rho_c^q}} \tag{6.4.2}$$

经过对数处理、移项整理等可以得到如下形式的线性方程：

$$y = \alpha + \beta \cdot x \tag{6.4.3}$$

从而可以根据具体样本情形采用对应的估计方法，如传统线性估计法、贝叶斯估计法、广义最大熵方法等进行参数估计。由于数据获取的困难，大多数学者采用在已有一些有关中国问题的 Armington 弹性和 CET 弹性的文献基础上进一步研究。

6.4.1　本地商品与外部调入商品替代弹性参数估计

由于上海 2017 年 IO 表将国内调入和进口商品合并为“流入”账户，根据 CGE－SAM－EGRAS 需求，设定本地商品与外地调入商品的替代参数先验值。替代参数 1 为张欣（2010）给出的 Armington 条件下的本地商品与外部调入商品替代弹性参数和替代弹性，替代参数 2 为贺菊煌等（2002）给出的 Armington 条件下本地商品与外部调入商品替代弹性参数和替代弹性（见表 6－6）。

本地商品与外部调入商品的替代弹性 $\varepsilon_c^3 = \dfrac{1}{1-\sigma_c^3}$。其中，$\sigma_c^3$ 为替代弹性参数。

表 6－6　　　　Armington 条件替代弹性参数和替代弹性的先验值

指标	替代参数 1	替代弹性 1	替代参数 2	替代弹性 2
AGR	0.4	1.67	0.8	5
REC	0.7	3.33	0.75	4
IND	0.7	3.33	0.75	4
ELE	0.7	3.33	0.75	4
FIN	0.2	1.25	0.75	4
SHI	0.2	1.25	0.75	4
SER	0.2	1.25	0.75	4
TEL	0.2	1.25	0.75	4
INF	0.2	1.25	0.75	4

基于上述两个先验值，采用 CGE－SAM－EGRAS 方法进行参数估计后，根据 CGE－SAM－EGRAS 模型模拟对比，综合误差值、AIL 和 GDM 等误差指数分析，得到本地商品与外部调入商品替代弹性参数估计最优解（见表 6－7）。

表 6－7　　　　Armington 条件替代参数和替代弹性

指标	替代参数	替代弹性
AGR	0.125	1.143
REC	0.155	1.183
IND	0.145	1.169
ELE	0.220	1.282
FIN	0.098	1.108
SHI	0.095	1.105
SER	0.095	1.105
TEL	0.205	1.258
INF	0.14	1.163

6.4.2　本地销售与外部调入商品替代弹性参数估计

由于上海2017年IO表将国内调出和出口商品合并为“流出”账户，根据CGE－SAM－EGRAS需求，设定本地销售商品与外地调入商品的替代参数先验值。替代参数1为张欣（2010）给出的本地销售商品与外地调入商品替代弹性参数和替代弹性，替代参数2为贺菊煌等（2002）给出的本地销售商品与外地调入商品替代弹性参数和替代弹性（见表6－8）。

本地销售与外地调入商品替代弹性：$\varepsilon_c^4 = \frac{1}{\sigma_c^4 - 1}$。其中，$\sigma_c^4$ 为替代弹性参数。

表6－8　　CET替代参数和替代弹性的先验值

指标	替代参数1	替代弹性1	替代参数2	替代弹性2
AGR	1.4	2.5	1.5	2
REC	1.4	2.5	1.5	2
IND	1.4	2.5	1.5	2
ELE	1.4	2.5	1.5	2
FIN	2	1	1.5	2
SHI	2	1	1.5	2
SER	2	1	1.5	2
TEL	2	1	1.5	2
INF	2	1	1.5	2

基于上述两个先验值，采用CGE－SAM－EGRAS方法进行参数估计后，根据CGE－SAM－EGRAS模型模拟对比，综合误差值、AIL和GDM等误差指数分析，得到本地销售商品与外地调入商品替代弹性参数估计最优解（见表6－9）。

表 6-9　　CET 替代参数和替代弹性

指标	替代参数	替代弹性
AGR	0.125	1.143
REC	0.155	1.183
IND	0.145	1.169
ELE	0.220	1.282
FIN	0.098	1.108
SHI	0.095	1.105
SER	0.095	1.105
TEL	0.205	1.258
INF	0.140	1.163

6.5 参数校准

校准方法已经成为 CGE 模型参数确定的主要方法。校准又称为“逆回归”，CGE 模型校准的主要参照依据就是基期社会核算矩阵，校准出的参数也应可以复制出基期 SAM 作为模型的一个基期解。在 CGE 模型的研究中，鉴于数据获取困难、数据可靠性等因素，除弹性参数等少数参数是用计量经济方法或借鉴其他文献研究成果等外生确定外，大部分参数采用“校准”方法获得。

校准方法的应用研究自 1982 年之后开始（Dawkins et al.，2001），奥斯本（Osborne，1991）将统计意义上的校准分为绝对校准和比较校准两种。总之，校准方法作为一种确定计量经济模型中变量和参数的重要手段，在经济学领域的实证研究中得到广泛的应用。但大多数研究人员只注重方法使用，而极少关注应用方法说明（Dawkins et al.，2001）。

1. C-D 生产函数的校准

C-D 生产函数的基本模型为：

$$Q_i = A_i \cdot K_i^{\delta_i} \cdot L_i^{(1-\delta_i)} \tag{6.5.1}$$

在均衡条件下有：

$$\frac{K_i}{L_i} = \frac{P_L}{P_K} \cdot \frac{\delta_i}{1-\delta_i} \tag{6.5.2}$$

其中 P_L 和 P_K 分别是资本和劳动力价格。由于假设 $P_L = P_K = 1$，所以比例参数为：

$$\delta_i = \frac{K_i}{L_i + K_i} \tag{6.5.3}$$

由于在基期均衡数据中，部门的 Q（增加值）、K（资本）和 L（劳动力）均已知，所以 δ_i 可以用下式求出，当 δ_i 确定后，C－D 生产函数中的规模参数为：

$$A_i = \frac{Q_i}{K_i^{\delta_i} \cdot L_i^{(1-\delta_i)}} \tag{6.5.4}$$

2. 两要素 CES 生产函数

以劳动资本复合增加值的 CES 函数为例，方程为：

$$Q_i = \alpha_i [\delta_i K_i^{\rho_i} + (1-\delta_i) L_i^{\rho_i}]^{\frac{1}{\rho_i}} \tag{6.5.5}$$

式（6.5.5）中 i 表示部门，Q_i、K_i 和 L_i 分别为部门产出、资本和劳动，α_i是希丁克技术进步参数或效率参数。$\delta_i(<\delta_i<1)$为份额参数，ρ_i 是替代参数，替代弹性为 $\sigma_i = \frac{1}{1-\rho_i}$。在基期均衡 SAM 表中，各部门的资本和劳动一致，资本税率 t_i^K 和劳动税率 t_i^L 可以从基期均衡数据集中求解获得。由于基期均衡数据集中生产要素的价格设定为一个单位，即 $P_L = P_K = 1$，如果外生给定各部门替代弹性 σ_i，则可求得份额参数 δ_i 为：

$$\delta_i = \frac{\left[\frac{K_i^{\frac{1}{\sigma_i}}(1+t_i^K)}{L_i^{\frac{1}{\sigma_i}}(1+t_i^l)}\right]}{\left[1+\frac{K_i^{\frac{1}{\sigma_i}}(1+t_i^K)}{L_i^{\frac{1}{\sigma_i}}(1+t_i^L)}\right]} \tag{6.5.6}$$

求出份额参数后，得到各部门的效率参数：

$$\alpha_i = Q_i / [\delta_i K_i^{-\rho_i} + (1-\delta_i) L_i^{-\rho_i}]^{\frac{-1}{\rho}} \tag{6.5.7}$$

根据具体采用的函数形式的不同，需要校准的变量及其形式也各不相同。常用的生产函数有 Leontief 函数、C – D 函数、CES 生产函数等，常用的贸易函数为 Armington 方程和 CET 函数。鉴于 Armington 方程是将聚合变量限定在进口商品和国内商品的 CES 方程，而 CET 函数与 CES 函数类似，此处仅介绍 Leontief 函数、柯布道格拉斯函数、CES 函数的校准。如果生产函数采用 Cobb – Douglas 函数，则只采用基期均衡数据就可以校准出其中的未知参数，而 CES 生产函数则必须外生设定其弹性值。

关于校准方法的讨论导致了主要经济期刊上一些相关论文和专题讨论的产生（Dawkins et al. , 2001）。比如在 1996 年的《经济展望》（*Journal of Economic Perspectives*）杂志上，基德兰和普雷斯科特（Kydland & Prescott, 1982）陈述了他们对校准的简介，汉森（Hansen et al. , 1996）和西姆斯（Sims, 1996）对其进行了评论。

6.6 本章小结

本章主要是对 CGE 模型方程体系中的参数进行估计、选择和标定，主要工作如下：一是对需要估计的参数进行分类，归纳出计量经济学、模型校准、文献借鉴三种参数估计方法；二是介绍了最小二乘法、贝叶斯估计、GME、CGE – SAM – ERAS 四种替代弹性参数估计方法，并采用 CGE – SAM – ERAS 方法估计 CES、Arminton 和 CET 模型替代弹性；三是通过参数校准，获取份额参数、全要素生产率等其他参数。

第 7 章

信息基础设施投入的模拟分析

新冠肺炎疫情暴发以来，上海率先落地“新基建”行动方案，大力推进5G、物联网、人工智能、数据中心等新一代信息基础设施建设。2020 年 5 月 8 日，上海发布《上海市推进新型基础设施建设行动方案（2020～2022 年)》。上海将在未来三年为“新基建”投入 2 700 亿元，聚焦“新网络、新设施、新平台、新终端”四大重点领域，为加快构建现代化产业体系厚植新根基，打造经济高质量发展新引擎。上海版“新基建”35 条的目标是全力提升新型基础设施能级。到 2022 年，全市新型基础设施建设规模和创新能级迈向国际一流水平，基本形成高速、泛在、融合、智敏的高水平发展格局。5G、人工智能、工业互联网、物联网等新技术全面融入城市生产生活，新一代信息基础设施成为上海经济高质量发展和城市高效治理的重要支撑。因此，探索新一代信息基础设施建设对经济转型影响的效果具有现实意义。

7.1 信息基础设施投资的背景分析

7.1.1 上海信息基础设施投资的阶段性

改革开放 30 多年来，上海信息基础设施建设取得了巨大的成就，对推动上海经济发展和社会进步发挥重要的作用。长期以来，信息基础设施建设投资长期保持高于GDP速度的增长，在国民经济中的地位和作用日益突出，进一步提升了其在经济发展中的基础性、战略性作用。根据《2020年上海市关于进一步加快智慧城市建设的若干意见》，上海要夯实城市大脑、信息设施、网络安全三大基础保障，全面优化新一代信息基础设施。

自上海市“十二五”规划首次提出建设智慧城市以来，历经十年的风雨兼程，已初步建成国内一流、国际先进的信息基础设施。回顾过去，展望未来，上海信息基础设施可以分为三个阶段。第一阶段是“补足短板”阶段（2011～2015年），上海信息基础设施能力薄弱，是智慧城市建设的瓶颈和约束力量。3G建设刚刚起步，无线城市、宽带城市开始启动，作为经济增长和创新转型的信息基础设施依然是供给小于需求。第二阶段是“网络扩容”阶段（2016～2020年），上海信息基础设施能力增强，支撑多场景、多类别的智慧应用。4G建设大规模建设，网络规模和网络质量大幅改善，支撑网络应用的大数据中心建设加速。第三阶段是“网络延伸”阶段（2021年以后），5G网络大规模建设，物联网、人工智能、工业互联网等新一代信息技术广泛应用，城市大脑、城市神经元系统、国际数据港等新一代信息基础设施大规模建设，智能、敏捷成为新型信息基础设施的重要特征。信息基础设施网络延伸至城市末梢，网络智能化大幅提升，促进新场景、新应用、新模式（见图7.1）。

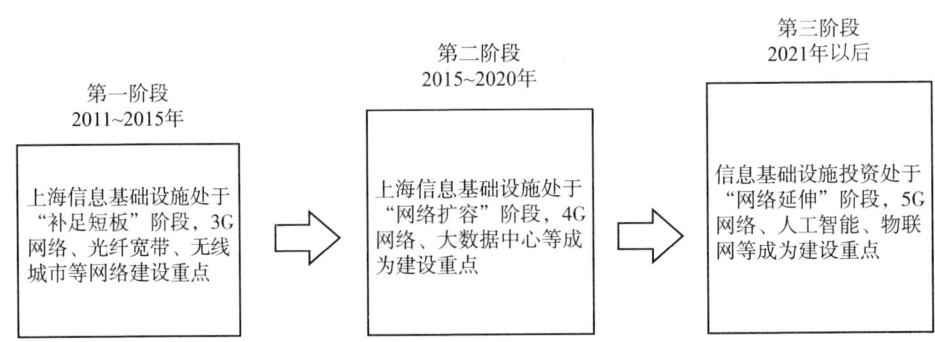

图7.1 上海信息基础设施投资的三个阶段

7.1.2　上海信息基础设施投资内容

信息基础设施是智慧城市的物理基石，是智慧城市的信息“大动脉”。从国内外智慧城市的建设经验来看，都非常重视信息基础设施建设，将其作为承载智慧城市运行的物理载体。2020年上海建成全球新型智慧城市排头兵，新型信息基础设施是重要衡量指标之一，也是重要的基础能力。根据《2020年上海市关于进一步加快智慧城市建设的若干意见》《上海市推进新型基础设施建设行动方案（2020～2022年）》等文件精神，明确提出加快建设5G、人工智能、数据中心等新一代信息基础设施（见表7-1）。

表7-1　　　上海市智慧城市优化新一代信息基础设施内容

重点专项	主要内容
网络链接增速	推动5G先导、4G优化，打造“双千兆宽带城市”。率先部署北斗时空网络，深化IPv6应用。编制新一轮5G建设行动计划，三年内新建3.4万个5G基站，加快5G独立组网（SA）建设，率先建成SA核心网
信息枢纽增能	打造通达全球的新一代国际交互系统，建设“全球数据港”。加强长三角区域协同，建立基于直连的毗邻区数据中心新模式。依托自贸试验区临港新片区，深化增值电信领域投资贸易便利化，部署全市内容存储交换枢纽，统筹能效指标，优化互联网数据中心布局
智能计算增效	建立高性能计算设施和大数据处理平台，建设面向人工智能的算力和算法中心。优化边缘计算节点规划布局，建设边缘计算节点资源池，实现算力的云边端统筹供给
泛在感知增智	打造物联、数联、智联三位一体的新型城域物联专网，部署城市神经元节点及感知平台，构筑“城市神经元系统”，助力“城市大脑”功能拓展、服务延伸

总体来说，新一代信息基础设施核心在于“新”，主要体现如下三个方面：一是“新网络”。与传统信息基础设施建设内容不同，未来新一代信息基础设施建设以5G网络、人工智能等新一代信息技术为核心，重点建设城市大脑、城市神经元系统、全球数据港、边缘计算等新内容。二是“新主

体”。与传统信息基础设施投资主体不同，新一代信息基础设施投资主体更加多元。例如城市神经元系统作为泛在网络的“最后10米”，由于传感网的多样化场景、碎片化应用等特点，上海仪电等企业参与投资。三是“新平台”。新一代信息基础设施更加注重人工智能，边缘计算、云计算都将广泛引用，提升网络智能化和敏捷化。

7.1.3 上海信息基础设施的投资计划

在“新基建”背景下，上海加大新型信息基础设施建设投资力度。根据上海“新基建”方案，三年内“新基建”投资2 700亿元，其中政府投资600亿元，社会资本2 100亿元。2020年4月28日国务院常务会议明确提出要创新投资建设模式，以市场投入为主，支持多元主体参与建设。一是运营商投资为主。根据三大运营商投资计划测算，2020年投资约100亿元，投资重点是5G基站和数据中心。二是社会投资参与。社会资本投资重点是传感网、数据中心等。传感网、工业互联网、数据中心等新型信息基础设施的投资主体更加多元，除电信、移动、联通、铁塔等传统电信运营商投资外，吸引更多社会主体参与投资信息基础设施（见表7－2）。

表7－2　上海三大运营商信息基础设施投资计划

运营商	智慧城市规划中信息基础设施内容
电信	基于5G＋光网“双千兆”，构建高速、智能、泛在的应用生态圈。并建设大型绿色云数据中心、边缘计算数据中心
移动	打造以5G为中心的泛智能基础设施，加速5G和AICDE各领域的相互融通
联通	围绕“覆盖、感知、效能、应用领先”策略，打造感知持续领先的5G精品网络
总计	三大运营商的信息基础设施投资

上海信息基础设施预计新增投资150亿元，5G和数据中心的新增投资重点。一是5G新增投资。按照原定投资计划，2020年上海5G建设5G基站

2 万个。“新基建”提出以后，上海建设 5G 基站 3.4 万个。以每个 5G 基站 16 万元计算，新增投资约为 22.4 亿元。二是数据中心新增投资。根据上海市经信委公布数据，2020 年新增 6 万机架，新增数据中心投资 120 亿元。仅 5G 和数据中心投资共计新增投资 142.4 亿元，并以此作为 CGE 模拟的主要参考依据。“新基建”背景下，新一代信息基础设施投资大幅增加，新增投资规模接近翻番。从新增投资结构来看，数据中心是重头戏。

资本作为经济增长的重要生产要素，是生产要素中最具有抽象性的代表。特别是信息基础设施投资，更是提升生产力水平的重要方式，是资本投入中最重要的组成部分。在模拟方案选择方面，根据研究问题的主要脉络进行分解，一般来说主要分为三种类型：一是经济环境模拟，如人民币升值、出口商品国际价格下降、工资上涨、利率上升等。二是政策模拟，如转移支付增加、税收政策变化、投资增加等。三是复合模拟，包括经济环境和政策的多种因素共同作用的冲击结果。本章重点模拟信息基础设施投资增加或者税收政策变化的政策冲击。

7.2　信息基础设施投资增加的模拟分析

7.2.1　模拟方案设计与求解

ET－CGE 模型针对信息基础设施投资的增加进行模拟分析。该模型以 2019 年上海 SAM 表为基准，主要观察在新型智慧城市建设背景下，模拟“新基建”热潮下上海信息基础设施投资增加 150 亿元时，对上海经济运行系统的影响，特别是对经济增长、产业结构、劳动报酬、资源消耗等经济转型方面的影响。

7.2.2　模拟结果分析

本章主要观察经济转型的衡量指标，重点选择产业结构、劳动报酬、资源消耗三个指标。模拟情景为：信息基础设施投资在2019年基础上增加150亿元。通过运算，模拟结果如下表所示，数值为百分比，表示相对基期而言的变化幅度（见表7-3）。

表7-3 信息基础设施投资增加的模拟结果 单位：%

指标	总产出	劳动报酬	资源消耗
增长率	0.6425	0.5141	0.5188

在与经济增长的关系方面，信息基础设施投资对上海经济增长产生的正面作用。从总产出来看，信息基础设施投资增加150亿元情况下，相当于信息基础设施投资增加1倍左右，导致上海经济总产出增长为0.6425%。结果表明，新一代信息基础投资大幅增加的情况下，通过前后向关联效应，对上海经济增长产生积极影响。特别信息通信业增长高达16.8971%，远高于其他行业的变化，呈现明显的投资拉动效应，初步显现投资乘数效应。受信息基础设施投资增加的带动，信息服务业增长率达1.1097%，电子信息制造业达0.6056%，高于其他行业的增长率，体现出明显的信息基础设施投资溢出效应。因此，“新基建”背景下5G等新一代信息基础设施投资的大幅增长可以撬动信息产业增长。但是，上海信息基础设施作为全国最发达的区域之一，由于信息基础设施投资规模占总投资比重较低，而且由于5G投资的增加，挤占运营商在宽带网络等其他通信专业领域的投资。长期来看，投资乘数效应作用将逐步减弱，更多体现信息服务变革带来的生产效率提升和网络效应潜力。

从劳动报酬来说，新一代信息基础设施投资增加150亿元促进上海劳动报酬增长0.5141%，略低于产出增长。模拟结果表明，新一代信息基础设施建设有利于提高就业质量，对提升劳动报酬有一定正向促进作用，提升社会福利。从劳动报酬提升的结构来看，信息通信行业劳动报酬增加16.9%，信息服务业劳动报酬1.1%，信息制造业劳动报酬增加6.06%。也就是说，三大信息行业劳动报酬增长率高于其他行业劳动报酬增长率。表明新一代信息基础设施投资增加，直接促进5G等相关信息通信行业劳动报酬提高，也有利于信息服务业、信息制造业的劳动报酬提高，体现出技术进步和产业变化是劳动报酬增长的重要因素。

从资源利用效率来说，信息基础设施投资增加导致资源利用增加0.5188%，但是低于产出增长。主要由于5G、数据中心等新一代信息技术属于高耗电量技术。以5G为例，由于频率的原因，5G基站功耗是4G基站的2倍左右，覆盖面积是4G的一半左右，所以相同面积的无线网络覆盖，5G的耗电量是4G的5~6倍。同样，数据中心也是耗电大户，包括IT设备能耗和制冷、配电等系统的能耗。因此，新一代信息基础设施投资增加，会增加上海资源消耗压力。但是从资源投入与经济产出来看，资源利用效率有所提升（见表7-4）。

表7-4　　信息基础设施投资增加分部门的模拟结果　　单位：%

指标	总产出	劳动报酬	资源消耗
第一产业	0.3632	0.3632	0.3632
第二产业	0.4270	0.4156	0.4407
第三产业	0.8128	0.5323	0.7583
金融业	0.5995	0.5995	0.5060
物流业	0.4244	0.4244	0.5060

在与经济转型的关系方面，纵观模拟结果数据，发现有如下现象：

1. 信息基础设施投资增加有利于产业结构高级化

信息基础设施投资增加促进第一产业产出增加0.3632%，低于第二产业和第三产业增长。农业发展是依赖于土地、劳动、信息等多要素资源共同作用，物联网等新一代信息基础设施投资加速智慧农业进程，农业作为“信息洼地”有着一定的改善空间，但是短期内信息基础设施投资带来的投资乘数效应不够明显，导致产出弹性相对较小。

信息基础设施投资促进第二产业产出增加0.4270%，产生明显的正向影响。模拟结果表明，由于工业互联网等新一代信息基础设施投资的前向关联效应和后向关联效应，通过产业链带动制造业快速发展，体现明显的投资乘数效应和溢出效应。但是工业互联网等新一代信息基础设施作为“新基建”的投资核心，更多通过信息技术与生产工艺的深度融合。因此，新一代信息基础设施对第二产业影响需要较长周期才能充分释放潜力。

信息基础设施投资促进第三产业产出增加 0.8128%，高于第一产业和第二产业的产出增加。这与刘宇（2012）等研究结论一致，信息基础设施投资对服务业的产出弹性最大。信息基础设施投资直接带动信息通信业进入发展快车道，体现明显的投资乘数效应，并通过溢出效应带动信息服务业等其他服务业发展。其中金融业产出增长 0.5995%、物流业产出增长 0.4224%，低于服务业平均产出弹性。由于传统信息基础设施投资存在“门限效应”，单纯的基础通信服务已经存在“供给过剩”，对金融业增长效应不强。但是大数据、人工智能等新一代信息基础设施投资对金融业将产生深远影响，金融科技将成为上海金融业升级的重要驱动力，也是上海国际金融中心建设升级的主要方向。

从模拟结果来看，5G、数据中心等新一代信息基础设施的投资效率与产业结构密切相关，对第三产业的产出弹性远大于第一产业和第二产业，将大幅促进服务业发展，有利于上海产业结构升级。

2. 信息基础设施投资增加对第三产业劳动报酬影响最大

信息基础设施投资增加促进第一产业劳动报酬增长 0.3632%，与产出增长保持一致。模拟结果表明，第一产业产出是影响劳动报酬的重要因素。由于农业属于低端劳动力密集产业，与金融、互联网等行业相比，劳动报酬增长弹性相对较小。虽然物联网、人工智能可以提高食品溯源、智能控制等智慧农业应用，提升农业劳动生产率，有利于提高劳动报酬，但是需要更长周期才能显现。

信息基础设施投资增加促进第二产业劳动报酬增长 0.4156%，有积极的正面影响。从模拟结果来看，信息基础设施投资增加对第二产业劳动报酬的促进作用大于第一产业，但是弱于第三产业，产出对劳动报酬的影响仍占主导地位。从长期来看，工业互联网、工业机器人等新一代信息基础设施将有利于提高制造业劳动生产率，特别是技术工人的创新力和创造力，提升制造业的运营管理效率。技术进步和资本深化将逐步成为提升劳动报酬的重要因素，从而有利于提高第二产业的劳动报酬。

信息基础设施投资增加促进第三产业劳动报酬增长0.5323%，高于第一产业和第二产业劳动报酬增长，但是远低于产出增长。从总体看，信息基础设施投资对第三产业劳动报酬有积极作用，提升了社会福利。但是从劳动报酬与产出的对比来看，劳动报酬占比降低，劳动生产效率提升作用更为显著。长期来看，信息是服务业最重要的生产要素，对信息的采集、传输、智能处理要求更高，新一代信息基础设施投资加速信息流动，提高第三产业的劳动生产率，进而提高劳动报酬。总体来看，信息基础设施投资对第三产业的就业创造效应大于就业替代效应，对劳动报酬提高有正向贡献。其中，金融业劳动报酬增长率为0.5995%，高于服务业劳动报酬增长水平，说明金融业作为最能“吸金”行业，劳动报酬增长弹性较高。

3. 信息基础设施投资增加提高资源利用消耗

信息基础设施投资引起第一产业资源消耗增长0.3632%，低于第二产业和第三产业。主要由于第一产业的资源消耗与信息基础设施投资相关性相对较弱，农、林、牧、渔业对信息基础设施投资的并不敏感，但是与产出密切相关。第一产业资源效率提升属于慢活、细活，需要长期精细化、智能化投入。

信息基础设施投资引起第二产业的资源消耗增长0.4407%，高于第二产业的产出增长。从资源投入与产出相比来看，第二产业资源利用效率最低。第二产业作为资源消耗的主体行业，资源消耗波及效应最大。信息基础设施投资带动其他相关设备的投资，从而扩大了资源消耗的范围和深度，进而影响整个产业的资源消耗。从长期来看，第二产业是提升资源利用效率的重点领域。

信息基础设施投资引起第三产业的资源消耗增加0.7583%，属于三个产业增长最多。由于第三产业资源消耗增长低于产出增长，整体有利于第三产业资源利用效率提升。上海的服务业占GDP比重高达七成以上，为促进经济高质量增长，服务业的效率提升和绿色发展是主战场。

总体来看，新一代信息基础设施投资大幅增加有利于经济转型，但存在一定的滞后性。由于上海经济发达，社会投资规模较大，第三产业占比较高，信息基础设施增加投资释放的直接投资乘数效应并非主导力量，而溢出效应和网络效应的正外部性间接影响需要逐步释放。这也从CGE模型研究的角度，论证了彭惠（2012）以菲德模型为基础的研究结论，在第三产业发达地区，信息基础设施对产业部门的外溢作用明显，信息基础设施对区域经济增长的间接影响远大于其直接影响。同时，新一代信息基础设施投资有利于提升劳动报酬，改善资源利用效率。总体来说，新一代信息基础设施投资对经济转型有积极的促进作用。

7.3　税收补贴的模拟分析

7.3.1　模拟方案设计

2012年，财政部和国家税务总局在上海试点“营业税”改征“增值税”，上海作为“营改增”试点地区，明确将通信业纳入“营业税”改征“增值税”试点范围。通信业由以前适用的营业税率5%转变为适用于增值税率6%。由于通信业缺乏抵扣等因素，“营改增”将导致行业税收增加（约10%）。

本书模拟政府提供税收补贴，降低信息通信行业税负。模拟在信息通信业税收减少10%情况下，对上海经济运行系统的冲击。

7.3.2　模拟结果分析

本章主要观察上海经济转型的衡量指标，重点选择产业结构、劳动报酬、资源消耗三个指标。模拟情景为：政府对信息通信业税收补贴10%。

通过运算，模拟结果如下表所示，数值为百分比，表示相对基期而言的变化幅度（见表 7 －5）。

表 7 －5　　运营商营改增的模拟结果　　单位：%

指标	总产出	劳动报酬	资源消耗
增长率	0.0018	0.0008	－0.0001

从总体来看，信息通信业税收补贴将导致总产出增加 0.0018%，劳动报酬增加 0.0008%，资源消耗下降 0.0001%。结果表明，由于信息通信业税收补贴减少税赋负担，有利于电信运营商等相关企业增加信息基础设施投资，提升信息服务水平，扩大信息通信产业链的前后向关联效应，对经济增长产生正向促进作用。从劳动报酬与总产出对比来看，总产出增长大于劳动报酬增长，提升了劳动生产率。同时，降低了资源消耗，有利于提升资源利用效率（见表 7 －6）。

表 7 －6　　通信业“营改增”的分部门模拟结果　　单位：%

指标	总产出	劳动报酬	资源消耗
第一产业	－0.0160	－0.0168	－0.0158
第二产业	0.0010	0.0089	－0.0018
第三产业	0.0025	0.0026	0.0056
金融业	0.0049	0.0041	0.0055
物流业	0.0086	0.0076	0.0087

在与经济转型的关系方面，纵观模拟结果数据，发现有如下现象：

1. 信息通信业税收补贴对不同产业影响存在较大差异

信息通信业税收补贴对整体经济增长有一定的正向促进作用，但对不同产业的影响存在差异。

信息通信业税收补贴导致第一产业产出减少 0.016%，相反第二产业和第三产业都呈现一定的正增长。信息通信业税收补贴可能“挤占”政府财税资源，导致农业补贴不足，减少政府对农业方面的支出。

信息通信业税收补贴引起第二产业产出增加 0.001%，产生一定的正面促进作用。模拟结果显示，电子信息制造业产出增加 0.0514%，远高于其他行业增长。也就是说，信息通信业税收补贴，增强后项关联效应，促进相关信息通信设备的需求，促进电子信息制造业增长，进而带动整个制造业的增长。

信息通信业税收补贴促进第三产业产出增加 0.0025%，高于第一产业和第二产业产出，有一定正面促进作用。信息通信业减税，直接减轻信息通信业税赋负担，刺激信息基础设施投资积极性，有利于提升信息服务水平。信息作为服务业的关键生产要素，产出弹性更高。其中，金融业、物流业产出增加分别为 0.0049%、0.0086%，远超服务业产出增长平均水平。

2. 信息通信业税收补贴对劳动报酬影响存在差异

从模拟结果来看，税收补贴对整体劳动报酬有正面影响，但总体影响比较弱。对不同产业的劳动报酬影响也存在差异。

信息通信业税收补贴导致第一产业劳动报酬下降 0.0168%，与第一产业产出基本保持一致。主要原因信息通信业税收补贴产生“挤占”效应，导致第一产业产出下降，进而影响第一产业劳动报酬。从模拟结果来看，第一产业产出和劳动报酬基本处于同频，劳动报酬受产出影响显著。

信息通信业税收补贴引起第二产业劳动报酬增加 0.0089%，高于第二产业产出增长率。模拟结果表明，信息通信业税收补贴有利于第二产业提升劳动报酬，增加社会福利水平。

信息通信业税收补贴引起第三产业劳动报酬上升 0.0026%，与第三产业产出基本保持一致。模拟结果表明，在信息通信业减税背景下，第三产业劳动报酬主要受产出影响，资本深化和技术进步作用未能得到有效发挥。中，金融业的劳动报酬上升 0.0041%，物流业的劳动报酬上升 0.0076%，高于服务业增长的平均水平。

3. 信息通信业税收补贴对资源利用效率影响不大

信息通信业税收补贴引起第一产业资源消耗下降0.0158%，而产出下降0.0160%，二者基本保持一致。表明信息通信业税收补贴背景下，第一产业资源利用效率未能有所改善，而是略有下降。

信息通信业税收补贴引起第二产业资源消耗下降0.0018%，第二产业的产出反而上升。说明信息通信业税收补贴促进信息基础设施投资需求，产生较强的关联效应，带动电子信息制造业等相关产业增长，提升第二产业的资源利用效率。

信息通信业税收补贴导致第三产业资源消耗增加0.0056%，略高于第三产业的产出增长。模拟结果表明，信息通信业税收补贴虽然有利于产出增长，经济效应大于低碳效应，未能有效提升第三产业资源利用效率。其中，金融业资源消耗增加0.0055%，物流业资源消耗增加0.0087%，也都略高于产出增长水平。

综上所述，信息通信税收补贴整体来说，有利于上海经济转型。从一二三产业分布来看，有利于增加第三产业比重，促进产业结构升级。同时，信息通信业税收补贴提升社会劳动报酬，提高资源利用效率。当然，信息通信业税收补贴能够激发信息通信企业的投资欲望，对上游电子信息产业产生积极影响，有利于5G等通信设备及相关产业培育，特别是促进高端芯片等“硬核”技术突破。从长远来看，更有利于提升新一代信息基础设施能级，发挥信息基础设施溢出效应、网络效应。

7.4 政策建议

第一，优化新一代信息基础设施投入结构和投入方向。在5G、人工智能、工业互联网等新一代信息技术和新型智慧城市建设背景下，新一代信息基础设施更加强调信息采集物联化、信息传输高速化、信息处理智能化，信息基础设施投资面临新的方向和内容。在“新基建”背景下，上海加大新一代信息基础设施建设力度，围绕连接增速、枢纽增能、计算增效、感知增智，加快建设一批关键性、支撑性设施，全面提升新一代信息基础设施供给水平。特别是5G网络、城市大脑、城市神经系统、边缘计算等新一代信息基础设施成为建设重点。通过城市大脑建设，实现智能高效，提升城市的智能处理能力。通过城市神经系统建设，实现万物互联，提升城市的全面感知能力。通过5G网络建设，实现高速传输，提升城市信的信息传递能力。因此，把握下一代网络高速、智能、融合、泛在的发展趋势，全面实施新型智慧城市建设，显著提升信息承载能力和功能设施服务水平。

第二，建立新一代信息基础的多元投资机制。传统移动通信、光纤宽带等信息基础设施投资是以电信运营商、铁塔公司、广电等企业投入为主，社会资本进入门槛较高。随着物联网、数据中心、工业互联网等新一代信息基础设施建设，具有多元化、碎片化、个性化特征，大幅降低了社会资本参与门槛。同时，新常态的创新转型需求提升了社会资本投入动力。新一代信息基础设施投资能力取决于投资的管理机制和协调机制。短期看，信息基础设施投资对经济的影响具有滞后效应，但长期来看，新一代信息基础设施对经济发展转型具有重要影响。

第三，提高财税政策的精准扶持力度。新一代信息基础设施建设需要大量社会资本参与，财税政策是撬动社会资本投资的支点。未来上海“新基建”投资2 700亿元中，600亿元是由政府投资，2 100亿元是由社会资本投资。政府投资要聚焦重大功能性设施，以全球数据枢纽港、超级计算中心等核心功能实施，通过财税资源引导社会资本投资工业互联网、物联网、数据中心等新型信息基础设施，提高资金使用效率和使用效能，为上海新一代信息基础设施增加“新”气质。

7.5 本章小结

本章模拟信息基础设施投资增加和信息通信业税收补贴对经济运行系统的冲击。本章主要工作和结论如下：第一，归纳上海信息基础设施投资的三个阶段，归纳新一代信息基础设施建设的主要内容；第二，信息基础设施投资大幅增加的情况下，短期内对经济增长有一定的促进作用，更重要的是为促进经济转型的发展奠定基础。其中一二三产业产出分别增加0.3632%、0.4270%、0.81289%，劳动报酬上升0.5141%，资源消耗上升0.5188%。长期来看，新一代信息基础设施投资增加将逐渐释放其溢出效应和网络效应，对经济产生正向促进作用。第三，信息通信业税收补贴作用并不明显，对经济增长、经济转型效果有一定的微弱影响。信息通信业税收补贴10%促进经济增长0.0018%，劳动报酬增长0.0008%，资源消耗降低0.0001%。特别值得关注信息通信业税收补贴对电子信息制造业的需求拉动作用。

第 8 章

智慧应用投入的模拟分析

新型智慧应用投入主要包括直接投资和引导资金两个部分。一类是在一网统管、一网统办条件下的智慧政务，主要由政府直接投资。另一类是智慧园区等经济领域的智慧应用，主要采用市场主导、政府引导的模式。政府主要是以引导资金的方式，促进新型智慧应用的创新发展。本章采用上海经济转型 CGE 模型，模拟智慧应用直接投资和引导资金对产业结构、劳动报酬、资源消耗的影响。

8.1 智慧应用投入背景分析

8.1.1 上海智慧应用建设内容

新型智慧应用是上海智慧城市建设的核心，涉及经济、政务、民生等各个领域。其中，"一网通办"和"一网统管"是政府智慧应用投入的重点。政务服务"一网通办"持续深化，群众办事更加方便，营商环境进一步优化；城市运行"一网统管"加快推进，城市治理能力和治理水平不断提高。以人工智能、物联网、工业互联网等新一代信息技术应用的覆盖面、渗透率明显提高，对各领域运行和发展的支撑作用进一步显现。以智慧社区为例，新型智慧城市要建设"社区云"，创新社区治理 O2O 模式，建设数字化社区便民服务中心。上海有220多个大型的规模化社区，可以带动社区服务、医疗、教育、周边商业等整体社区服务信息化，相关投资也将进一步提升。同时，上海新型智慧城市建设提出全面赋能数字经济蓬勃发展，打造数字新产业创新策源高地，推进数字化转型高质量发展，加快发展新模式新业态，重点建设数字经济示范区（见表8-1）。

表8-1　上海新型智慧城市中智慧应用内容

重点工作	内容
互联网+政务	完善"一网通办"总门户功能，扩大移动端"随申办"应用场景。将"企业服务云"作为企业服务"一网通办"重要组成，统筹协调、惠企政策资源共享。完善全流程一体化在线服务平台，营造高效便捷的营商环境
智慧便捷的公共服务	聚焦医疗、教育、养老、文化、旅游、体育等重点领域，推动智能服务普惠应用，持续提升群众获得感。推进卫生信息互联互通互认，支持智能交互学习，支持数字演艺等文娱活动，打造"一部手机游上海"示范项目，拓展城市体验感、感知度
一体化的城市运行体系	紧扣"一屏观天下、一网管全城"目标，依托电子政务云，全网统一管理模式、数据格式、系统标准，形成统一的城市运行视图
快速响应和高效联动处置能力	基于城市网格化综合管理需求，打造信息共享、相互推送、快速反应、联勤联动的指挥中心。开展城市运行数据分析，加强综合研判，增强城市综合管理的监控预警、应急响应和跨领域协同能力
深化建设"智慧公安"	实现感知泛在、研判多维、指挥扁平、处置高效，构筑全天候全方位安全态势。提高数据利用能力，推动信息新技术在大人流监测预警、城市安防、打击犯罪等领域深度应用
建设运行应急安全智能应用体系	在消防、防灾减灾、安全生产、危险化学品管理等城市安全重点领域，实现全环节全过程预警监管处置。推动物联传感、智能预测在给排水、燃气、城市建设领域的应用。持续提升智能电网灵活性和兼容性。建设食品药品信息追溯体系和公共卫生预警体系。推动实时数据分析、计算机视觉等在智能交通领域的应用
优化城市智能生态环境	加强对水、气、林、土、噪声和辐射等城市生态环境保护数据的实时获取、分析和研判，提升生态资源数字化管控能力。发展"互联网+回收平台"，完善生活垃圾全程分类信息体系，实现全程数字化、精细化、可视化管控。推动气象数据与城市运行应用联通，提升气象精准预测、预防能力
提升基层社区治理水平	加强党建引领，建设"社区云"，推进街镇、居村各类信息系统归集。创新社区治理O2O模式，建设数字化社区便民服务中心

8.1.2 上海智慧应用投资方式

政府在智慧应用领域的支出主要包括直接财政支出和引导资金两个部分。直接财政支出主要用于公共服务、城市管理、民生发展等领域智慧应用建设，提升城市管理能力和公共服务水平；引导资金主要用于经济领域，吸引社会资金参与智慧应用建设，特别是在金融、贸易、园区等重点经济领域，加强信息要素在经济运行中的流动，提升全要素生产率，推动经济转型发展。

1. 引导资金投入

根据一般引导资金使用方式，引导资金占总体项目资金不超过20%的比例计算，每年至少带动上海智慧应用建设投资规模超过5倍。政府通过对企业信息化的转移支付，积极调动社会资金，支持引导民间资本投向政府鼓励的企业信息化领域。在新型智慧城市建设中，首次提出支持应用生态开放。通过吸引各类社会主体积极参与，建设优良的智慧城市开发生态。依托市大数据中心资源平台，有序推进城市公共数据集开放。聚焦社会信用、医疗健康、普惠金融等领域，推行解决方案供应商和创新产品目录，建立大数据联合创新实验室，形成开放应用示范。在惠民服务、精准治理、网络安全等领域，打造一批社会化典型应用实例。

新型智慧应用的财政支出（公共资本支出）对企业信息化投资具有一定的资本挤入效应。所谓对企业信息化投资的挤入或者挤出效应是指由于政府的财政支出（公共资本支出）导致的外部资本流入增加而对企业信息化的投资行为产生促进或者阻碍作用。经济领域的新型智慧应用建设是以企业为投资主体，政府引导资金作为公共资本支出，鼓励企业探索新技术、新应用、新模式，发挥人工智能的头雁效应，把握新一轮科技革命和产业变革的历史性机遇。

2. 直接投资

根据上海新型智慧城市建设方案，智慧应用直接财政支出主要应用于政务服务的“一网通办”和城市运行的“一网统管”。一网通办是从政府管理为中心向市民服务为中心转变，聚焦医疗、教育、养老、文化、旅游、体育等重点领域，推动智能服务应用。一网统管主要依托电子政务云，重点建设社区治理、智慧公安、应急安全、生态环保等领域的智能化应用。新型智慧应用的直接投资对经济转型的影响缺乏直接的关系，更多的是通过新型智慧应用，完善城市治理，优化民生服务，改革营商环境，促进经济发展。政府在智慧城市建设中扮演着城市管理者和协调者的角色，智慧政务将从服务、管理、消费三个方面使政府职能发生变化，促进经济服务效率。

直接财政支出增加信息化需求，刺激信息产业增长。重点进入投资周期长、基础性、探索性的应用领域，充分发挥投资的乘数效应、融合效应。直接财政支出的投资方向对信息消费需求有一定的刺激作用，比如城市大脑、城市神经元等新型智慧城市应用，促进人工智能、物联网等新一代信息技术的应用落地，促进信息产业的创新转型。智慧城市的直接财政支出主要应用于公共服务和民生领域，一是改进政务服务，营造良好的营商环境。通过城市大脑建设，提升精准化服务水平，促进企业创新转型。二是改善民生服务，提升市民的幸福指数。通过新型智慧城市应用建设，创新应用、优化模式，提升居民的智慧获得感。

8.2　引导资金增加的模拟分析

8.2.1　模拟方案设计

政府通过设立智慧应用引导资金，有效带动社会对智慧应用建设的投入，特别是在新一代信息技术应用推广时期，引导资金将鼓励企业投资智慧应用建设的积极性，发挥引导资金的导向性作用。2020 年 3 月，上海市发布《2020 年度上海市信息化发展专项资金（智慧城市建设和大数据发展）项目指南》，预计投资 1 亿元，按照 20% 支持比例，总共带动投资 5 亿元。本书以此作为模拟条件，分析信息化专项资金对上海经济运行的影响。鉴于上海信息化发展专项资金重点投入在新型智慧应用和大数据应用领域，简称智慧应用引导资金。

8.2.2 模拟结果分析

通过 GAMS 运算，智慧应用引导资金对经济运行系统的冲击模拟结果如下表所示，数值为百分比，表示与基期总产出、劳动报酬、资源消耗相比，所发生的变化幅度（见表 8－2）。

表 8－2　　增加转移支付的模拟结果　　单位：%

指标	总产出	劳动报酬	资源消耗
增长率	0.0212	0.0147	0.0133

在整体经济运行方面，智慧应用引导资金增加将对上海经济增长产生积极的促进作用，促使上海总产出增加 0.0212%。智慧应用引导资金直接促进信息服务业快速成长，增幅居所有行业之首，增长率高达 0.2794%。信息通信业增长率为 0.0989%，电子信息制造业增长率为 0.0616%，都远高于其他行业增长。主要原因是智慧应用引导资金重点支持智慧社区、数据融合、数据挖掘等智慧应用创新和大数据应用创新，刺激智慧应用需求，对信息服务业产生直接促进作用，间接带动信息基础设施需求和信息设备等需求增长。智慧应用引导资金带来的产出增加，带动劳动报酬的同频振动，引起劳动报酬增加 0.0147%。虽然资源消耗增加 0.0133%，但是资源消耗低于产出增长，说明有利于资源利用效率提升（见表 8－3）。

表 8－3　　智慧应用引导资金的模拟结果　　单位：%

指标	总产出	劳动报酬	资源消耗
第一产业	0.0102	0.0102	0.0102
第二产业	0.0167	0.0142	0.0130

续表

指标	总产出	劳动报酬	资源消耗
第三产业	0.0247	0.0148	0.0144
金融业	0.0170	0.0170	0.0170
物流业	0.0132	0.0132	0.0132

在与经济转型的关系方面，纵观模拟结果数据，我们可以发现有如下现象：

1. 智慧应用引导资金有利于产业结构升级

智慧应用引导资金增加促进第一产业产出增加0.0102%，与第二产业和第三产业的增长相比，相对较弱。主要由于智慧应用引导资金投向农业的智慧化应用，而农业的智慧化受制于土地、劳动等要素，短期内难以产生明显效果。长期来看，农业产业化与信息化之间良性促进，农业产业化推动智慧农业持续演化，智慧农业也将促进农业产业化不断向纵深发展。

智慧应用引导资金促进第二产业产出增加0.0167%。智慧应用引导资金更多侧重于创新型的应用场景和应用技术，强调人工智能等新一代信息技术的渗透和融合创新，对第二产业的影响主要为信息化与工业化的两化融合效率提升的间接促进作用，而深入的融合效应需要更长周期才能充分发挥。

智慧应用引导资金促进第三产业的产出增长0.0247%，特别是信息服务业增长率高达0.2794%，体现引导资金带来的信息服务需求存在直接促进效用。同时智慧应用引导资金促进新型智慧应用，间接促进服务业产出增长。这一结论与谭莹和赵汴（2009）的实证研究结论相一致，即信息化对服务业增长具有正向的影响。发达国家实践经验表明，服务业具有与信息技术高度融合的特征，未来将成为信息化的主战场，这也说明在上海大力发展服务业的背景下，信息技术将扮演日益重要的作用。在服务业内部各行业中，物流业、金融业对信息技术投入提升的弹性明显高于一般服务业。在智慧应用引导资金的刺激下，物流业、金融业产出增长率分别为0.0170%、0.0132%。

总体来说，智慧应用建设引导资金对第三产业产出弹性最大，有利于上海产业结构的高级化。

2. 智慧应用引导资金对劳动报酬影响存在产业差异

智慧应用建设引导资金将促进第一产业劳动报酬增加 0.0102%，这一结论与产出增长基本一致。从模拟结果看，产出要素是影响劳动报酬的主导因素。短期内信息要素改进农业生产效率方面效果不够显著，应用节奏相对较慢，需要较长周期才能发挥更大效果，对劳动价值的发挥贡献不足。

智慧应用建设引导资金促进第二产业的劳动报酬增加 0.0142%，略低于产出增长率。以资本密集型、劳动密集型为主的制造业，在两化融合时，快速提升第二产业的劳动生产效率，有一定的空间，所以第二产业劳动报酬得以提升。但是由于智慧应用引导资金对第二产业更多是间接效应，作用效果不如第三产业明显。

智慧应用建设引导资金促进第三产业的劳动报酬增加 0.0148%，比第三产业产出低很多。说明同样的劳动报酬，产出更多，劳动创造的价值更大。特别是信息服务业将直接受益，劳动报酬提升最快。同时，劳动要素是第三产业的核心要素，特别信息技术将大幅提升服务业劳动生产率，对第三产业的劳动报酬提升有积极贡献。

总体来看，智慧应用建设引导资金对劳动报酬影响的产业间差异不大，结合产出来看，第三产业的劳动效率更高。这一研究从 CGE 模型的角度，验证了丁梓楠（2009）的研究结论，同时他认为劳动报酬主要与科技进步、劳动者素质提升和管理创新转变。

3. 智慧应用引导资金有利于提升资源利用效率

智慧应用引导资金对三大产业产出都有积极的促进作用，同时也引起了资源消耗增加，一二三产业的消耗增加的增长率分别为 0.0102%、0.0130%、0.0144%。与产出相比，信息技术对第二产业资源消耗弹性影响最大，资源利用效率最高。

智慧应用引导资金引起第一产业的资源消耗增加 0.0102%，与产出保持一致。说明智慧应用对第一产业的水、电、燃气等资源利用效率未有明显的提高，产出是影响第一产业资源利用效率的重要因素。

智慧应用引导资金引起第二产业的资源消耗增长 0.0130，低于第二产业产出增长。第二产业的资源消耗弹性相对较小，有利于提升资源利用效率。由于第二产业长期为能耗大户，工业互联网、智能制造等工业智慧化技术是引导资金投入重点领域之一，将促进工业自动化、智能化，从技术角度提升资源利用效率，降低资源消耗。

智慧应用建设引导资金引起第三产业资源消耗增加 0.0144%，远低于第三产业的产出。说明第三产业的资源利用效率最高，服务业发展质量最高，促进上海经济高质量发展。

从总体来看，智慧应用建设引导资金有利于经济增长和经济转型，通过吸引社会资金投资建设智慧应用将产生持续的积极效果。特别是直接促进信息服务业的发展，有利于上海科创中心建设。智慧应用引导资金促进产业高级化，提升劳动报酬，提高资源利用效率。因此，智慧应用引导资金对上海经济转型和高质量发展产生积极的正向作用。

8.3　增加直接投资对经济转型的影响

8.3.1　模拟方案设计

智慧政务一直以来是信息化领域的关注重点领域之一，新一代信息技术应用促进城市大脑、电子政务云、社区云等领域新的需求，提升“一网通办”“一网统管”的城市治理能力。在人工智能等新型智慧应用建设初级阶段，新一代信息技术应用处于推广期，特别需要政府通过示范效应推动新技术推广，比如人脸识别在交通管理中的应用。在此背景下，本章模拟政府新型智慧应用直接财政支出增加 10% 对上海经济运行系统的影响。

8.3.2 模拟结果分析

通过 GAMS 运算，政府智慧应用直接财政支出对经济运行系统的冲击模拟结果，数值为百分比，表示与基期 GDP、劳动报酬、资源消耗相比，所发生的变化幅度（见表 8-4）。

表 8-4　增加直接财政支出的模拟结果　单位：%

指标	产出	劳动报酬	资源消耗
增长率	0.0275	0.0191	0.0174

从整体影响来看，政府直接增加智慧应用财政支出 10%，对经济增长有正向促进作用，导致产出上升 0.0275%。智慧应用财政支出对于经济增长存在直接效应和间接效应。从直接效应来看，政府财政支出增加信息服务需求，直接带动信息服务业增长 0.3632%，信息通信业增长 0.1285%，电子信息制造业增长 0.0801%。从间接效应来看，智慧政务增加提升了智慧政务、智慧交通、智慧教育、智慧医疗等应用水平，将优化“营商环境”，改善公共服务和民生，促进产业创新转型，释放生产力。同时，智慧应用财政支出促进社会劳动报酬提高 0.0191%。虽然资源消耗增加 0.0174%，但是资源消耗低于产出增加，有利于提升资源利用高效率，促进经济高质量发展（见表 8-5）。

表 8-5　增加智慧应用直接财政支出的分产业模拟结果　单位：%

指标	总产出	劳动报酬	资源消耗
第一产业	0.0133	0.0133	0.0133
第二产业	0.0216	0.0185	0.0169
第三产业	0.0322	0.0192	0.0188
金融业	0.0221	0.0221	0.0221
物流业	0.0172	0.0172	0.0172

在与经济转型的关系方面，纵观模拟结果数据，可以发现有如下现象：

1. 智慧应用建设直接财政支出有利于产业结构高级化

智慧应用建设的直接财政支出促进第一产业增长0.0133%。智慧应用建设的直接财政支出有助于消除“数字鸿沟”，但是由于更多是建设智慧政务、智慧交通等城市管理与民生服务内容，与农业相关性较弱，导致第一产业总产出增长相对较低。

智慧应用建设的直接财政支出促进第二产业增长0.0216%。智慧应用财政支出虽然通过需求延伸，间接带动电子信息制造业增长0.0801%，高于其他制造业的增长水平。但是由于占比相对较低，短期内难以发挥较强的关联效应，难以直接带动制造业高速增长，所以第二产业低于第三产业的产出增长。智慧政务建设作为营商环境的重要指标，有利于改进政府工作效率，提高精准服务能力，但短期内对制造业难以形成快速增长效应。

智慧应用建设的直接财政支出促进第三产业增长0.0322%，高于第一产业和第二产业的产出增长。智慧政务的直接财政支出，直接带动信息服务业需求，增幅远高于其他服务业，是其他服务业增幅的10倍左右，从而带动整体服务业增长。同时，智慧应用的直接财政支出对金融业、物流业存在明显的促进作用，金融业的产出增加0.0221%，物流业产出0.0172%，有利于上海经济转型发展。

2. 智慧应用直接财政支出对各产业劳动报酬影响存在差异

智慧应用财政支出促进第一产业劳动报酬增加0.0133%，与产出增长同步。第一产业产出增加有利于劳动报酬的提升，二者占比存在一定的联动关系。也就是说，产出是影响第一产业劳动报酬的关键因素。

智慧应用财政支出促进第二产业劳动报酬增加0.0185%，低于第二产业产出增长。劳动报酬增长低于产出增长，表明第二产业劳动生产率得到提高。虽然作用不够明显，但是智慧政务作为公共服务产品，将逐步释放长期的增长效应，有利于第二行业劳动生产率提高，从而提升第二产业劳动报酬。

智慧应用财政支出促进第三产业劳动报酬增加0.0192%，远低于第三产业的产增长。模拟结果，在第三产业产出增长、技术进步、资本深化等因素作用下，劳动报酬得到一定增长。从劳动报酬与产出对比来看，智慧政务对第三产业劳动生产率提升效果最为明显。

3. 智慧应用直接财政支出增加有利于提升资源利用效率

智慧应用直接财政支出引起第一产业的资源消耗增加 0.0133%。第一产业产出增长率和资源消耗增长率相差不大，智慧应用财政支出对第一产业的资源利用效率影响微乎其微。

智慧应用财政支出引起第二产业的资源消耗增加 0.0169%，低于第二产业产出增长率。智慧应用财政支出，有利于提升政府治理能力，间接促进第二产业资源利用效率提升。根据新型智慧城市建设重点领域，环保、生态、低碳是重要的关键词。因此，智慧应用财政支出有利于新型智慧应用建设，促进资源利用监测和智能化处理，提升资源利用效率。

智慧应用财政支出引起第三产业的资源消耗增加 0.0188%，远低于第三产业产出增长率。也就说明，智慧应用财政支出对第三产业的资源利用效率最高。服务业是与信息技术关联度最高的行业，对信息要素投入最为敏感，产出弹性最高。因此，智慧引用财政支出有利于促进服务业走出低资源投入、高效率产出的高质量发展之路。

总体来看，新型智慧应用直接财政支出对经济增长和经济转型有明显的促进作用。有利于促进产业结构升级，提高社会劳动报酬，提升资源利用效率。随着城市大脑、城市神经网络建设，以及以人工智能为核心的新型智慧社区、智慧教育、智慧政务的创新应用，除了短期刺激经济增长，更是对经济高质量发展产生深远影响。

8.4 政策建议

第一，优化新型智慧应用引导资金的重点领域。政府引导资金具有导向性作用，是撬动企业等社会投资新型智慧城市建设的“支点”。在新型智慧城市建设背景下，更多投向人工智能、工业互联网等新一代信息技术背景下的创新型应用，特别是支撑上海经济创新转型的新技术、新应用、新模式。利用新一代信息技术的升级换代，以智能、敏捷为核心，建设新一轮信息高速公路，把数据作为重要的生产要素，提升经济发展质量。要充分发挥引导资金的作用，调动企业、公共机构等社会资源参与智慧应用建设的积极性，扩大应用投资规模，吸引全社会的资金共同投入到人工智能、工业互联网等新型智慧应用建设。

第二，建设示范性、引领性的新型智慧应用。政府直接财政支出建设的新型智慧应用，发挥场景应用的示范性、引领性作用，要充分发挥并正向引导“羊群效应”，加速人工智能等新一代信息技术的应用渗透和应用推广。新型智慧应用的效能，关键在于投资方向和投资结构，对整体经济运行产生效果也会存在一定差异。在上海经济转型的关键时期，智慧应用投入要以上海“创新驱动、转型发展”为导向，围绕“五个中心”建设，通过在两化融合、节能减排、民生服务等领域示范应用带动，提高全要素生产率，使得信息成为上海经济社会发展的关键生产因素。重点领域包括智能建筑、智慧物流、智慧贸易、智能会展等。

第三，建立企业主导、政府引导的投资机制。企业是市场的主体，是创新发展的重要载体。通过示范性智慧应用的直接投资和间接带动，促进新一代信息技术需求，提升上海信息产业的升级换代。通过新型智慧应用的引导资金，鼓励人工智能、工业互联网等新一代信息技术与实体经济深度融合，发挥科技引领创新的作用。政府重点投向基础性、引领性、示范性领域，企业重点投向应用性、融合性、创新性领域。企业和政府良性互动，共同推动上海新型智慧城市建设，促进上海经济高质量发展。

第四，新型智慧应用要服务“五个中心”建设。信息化与服务经济就像一对孪生兄弟，信息化可以使经济运行更具有效率，使资源配置更具有效率，同时降低商务成本。首先，金融科技是智慧应用的重点领域。大数据、人工智能等新一代信息技术的发展，带动智能风控、精准营销等一系列金融创新工具，提升金融资源的配置效率和有效性。其次，航运领域是物联网应用的重要战场。上海作为全球航运中心，推动智能机器人等技术应用，推动智慧港口、智慧口岸等建设。最后，智慧贸易是智慧应用的重要场景。中国国际进口博览会等活动进一步加强上海国际贸易中心地位，虚拟现实等新型技术扩大了贸易场景，从实体空间向虚拟空间扩展，超越时空限制。

8.5 本章小结

本章模拟智慧应用引导资金政策和智慧应用直接财政支出增加10%两种方案对上海经济运行系统的冲击，模拟结果表明：一是政府采取引导资金方式加强智慧应用建设对经济转型有显著的正向促进作用，符合上海经济转型方向，对三大产业产出增长率分别为0.0102%、0.0167%、0.247%，劳动报酬增加0.0147%，资源消耗增长率比产出增长率低0.0089%；二是智慧应用财政支出增加10%，除了直接刺激信息服务业增长外，也有利于上海经济转型，使得一二三产业产出增长率分别为0.0133%、0.0216%、0.0322%。总体劳动报酬增加0.0191%，提升居民消费能力。资源消耗增加比产出增长低0.0101%，资源利用效率有一定提高。

第 9 章

信息产业政策的模拟分析

上海要建设成为具有全球影响力的科技创新中心，必须抢占新一代信息技术发展的制高点，充分释放信息技术创新的扩散效应、溢出效应、普惠效应。与发达国家相比，我国各地智慧城市建设都将信息产业发展作为智慧城市建设的重要内容，特别是将新一代信息技术产业发展作为新的经济增长点。本章将采用上海经济转型 CGE 模型模拟政府信息产业财政税收政策及劳动力价格上涨对上海经济运行系统的冲击，从数理分析的角度进行模拟仿真。

9.1 信息产业背景分析

新一代信息技术产业是上海经济转型的引领性力量。根据工信部数据，2019 年上海软件与信息服务业收入超过 10 000 亿元，增长 12.6%。新一代信息技术产业发展作为新型智慧城市建设的重要内容，已经成长为国民经济战略性、基础性和先导性支柱产业，并发挥着经济增长“倍增器”的作用。上海积极发展人工智能、集成电路等新一代信息技术产业，以更好地支撑新型智慧城市建设，而新型智慧城市建设反哺新一代信息技术产业，以市场需求带动产业发展。从全球来看，纽约、东京、新加坡等国际发达城市积极推进新型智慧城市建设，争夺新一轮科技革命和产业变革“制高点”（见表 9-1）。

表 9-1　　新型智慧城市建设方案中的数字经济部分

打造数字新产业创新策源高地	在智慧政府建设中先试先用，支持区块链数据溯源、V2X 智能网联等新技术率先规模化落地。聚焦新一代人工智能、下一代信息通信、高端芯片设计制造、核心软件等重点领域，推动一批关键技术与智慧城市建设深度融合，加强关键核心技术攻关、功能型平台建设，大力提升数字经济新兴产业核心竞争力
推进数字化转型高质量发展	加快推动数字化向更多更广领域渗透，实现信息技术与实体经济深度融合。聚焦汽车、电子信息、生物医药等重点行业，率先打造智能制造产业集群。聚焦云服务、数字内容、跨境电子商务等特色领域，建设“数字贸易国际枢纽港”，形成与国际接轨的高水平数字贸易开放体系。聚焦三农，发展智慧绿色农业，促进农产品安全和品质提升。提升“智能+”服务效能，加快推进法律、会计、技术交易等专业服务业利用信息技术转型提升，大力发展数字航运、流媒体等数字服务业
加快发展新模式新业态	推进工业互联网创新发展，聚焦个性化定制、网络化协同、智能化生产、服务化延伸，打造一批工业互联网标杆园区，做强一批领军企业。持续推动数据融合创新应用，建成一批金融科技、数字设计、“互联网+”生活等创新创业示范项目。建设世界级的智慧城市应用场景，在城市管理、民生服务等重点领域实施“揭榜挂帅”，培育创新龙头企业、独角兽企业以及一大批有活力的中小企业，将场景优势充分转化为产业发展新动能
重点建设数字经济示范区	规划布局新型智慧城区，加快城市智能化更新，聚焦“3+5+X”重点区域，强化智慧产城融合，推进新城高品质建设。加快推动南大、吴淞、高桥、吴泾、桃浦等整体转型区域布局数字经济新兴产业，支持各区因地制宜建设智能产业新载体。在自贸试验区临港新片区、长三角生态绿色一体化发展示范区、虹桥商务区等重点区域，打造“未来之城”示范城区和国家级新型智慧城市先导区

政府促进新一代信息技术产业的政策工具，一般采用税收优惠、财政补贴等支持政策。上海处于经济转型变革的关键时期，期待把握人工智能、集成电路等产业机遇，构筑新时代上海发展新的战略优势。国务院将新一代信息技术产业作为七大战略新兴产业之一，具有创新活跃、渗透性强、带动作用大等特点，被普遍认为是引领未来经济、科技和社会发展的一支重要力量。从政府角度，普遍对新一代信息技术产业寄予厚望，以新一代信息技术产业发展支撑新型智慧城市建设，不断推动信息技术创新、促进智慧应用拓展，培育新型服务业态，创新产业组织模式，带动上海信息产业实现由大到强的转变，增强对经济社会发展的带动性，为加快转变经济发展方式提供强有力支撑。为此，政府明确提出将对新一代信息技术产业寄予财政金融等政策支持。

9.2 信息产业专项资金的效应分析

9.2.1 模拟方案设计

上海的信息产业的政策支持主要有软件与集成电路专项资金、产业转型升级发展专项资金、人工智能发展专项资金等。据测算，信息产业相关专项资金总共约有8亿元。由于专项资金属于配套资金，根据企业投入按比例给予专项资金支持，一般支持比例在10%~30%之间。研究按照20%比例计算带动的信息产业相关企业投资，即信息产业相关企业投资40亿元，并采用CGE模型模拟信息产业投资增加对上海经济运行的影响。

9.2.2 模拟结果分析

通过GAMS运算，信息产业专项资金对经济运行系统的冲击模拟结果如表9-1所示，数值为百分比，表示与基期产出、劳动报酬、资源消耗相比，所发生的变化幅度（见表9-2）。

表9-2　信息产业专项资金政策的模拟结果　单位：%

指标	产出	劳动报酬	资源消耗
增长率	0.2544	0.1649	0.2006

在经济增长方面，信息产业专项资金对经济增长有显著的促进作用，增幅达0.2544%。信息产业专项资金直接促进信息产业快速增长，其中电子信息制造业增长1.4119%，信息通信业增长2.1516%，信息服务业增长1.0290%。从劳动报酬来看，经济增长带动劳动报酬的增长，劳动报酬增长0.1649%。从资源消耗来看，信息产业专项资金使得资源消耗增加0.2006%，

但是资源消耗的增加低于产出增长，说明信息产业专项资金有利于提升资源利用效率，提升经济发展质量。

分部门的详细模拟结果如表 9－3 所示。

表 9－3　信息产业专项资金政策的分产业模拟结果　单位：%

指标	总产出	劳动报酬	资源消耗
第一产业	0.1187	0.1187	0.1187
第二产业	0.3043	0.2452	0.2069
第三产业	0.2158	0.1502	0.1820
金融业	0.1840	0.1840	0.1840
物流业	0.1664	0.1664	0.1664

在与经济转型的关系方面，纵观模拟结果数据，我们可以发现有如下现象：

1. 信息产业专项资金对经济有明显的促进作用

信息产业专项资金促进第一产业产出增长 0.1187%，低于第二产业和第三产业增长。主要原因是信息产业专项资金的重点支持方向，包括对第二产业中的电子信息制造业、第三产业中的信息通信业和信息服务业扶持。因此，信息产业专项资金对第一产业的影响是间接影响，影响程度相对较弱。

信息产业专项资金促进第二产业产出增长 0.3403%，高于第一产业和第三产业增长。电子信息制造业属于高投入行业，对资金的渴求更高。因此，信息产业专项资金对制造业的产出弹性最强。当前，工业互联网等新一代信息技术对制造业的渗透与变革，将成为实现智能制造 2025 的重要途径。

信息产业专项资金促进第三产业产出增长 0.2185%。一方面，第三产业中的信息通信业、信息服务业作为专项资金的直接受益行业，呈现快速增长态势，远高于其他服务业增长；另一方面，信息产业专项资金促进新型信息服务和智慧应用，带动其他服务业快速增长。其中，金融业增长率为 0.1840%，物流业增长率为 0.1664%。

2. 信息产业专项资金对劳动报酬有正向促进作用

信息产业专项资金促进第一产业劳动报酬提升 0.1187%。信息产业专项资金引起的产出增加与劳动报酬增长相一致，表明第一产业劳动报酬增长主要由产出驱动。

信息产业专项资金促进第二产业劳动报酬提升0.2452%，高于第一产业和第三产业的劳动报酬增长。第二产业中电子信息制造业的劳动报酬增长最为迅速，带动整个第二产业劳动报酬增长。对于电子信息产业，主要由集成电路专项资金支持，更多鼓励研发、基础研究等创新行为，提升高新技术的资金支持能力，从而提升劳动报酬。技术进步、资本深化、产业产出是提升第二产业劳动报酬的主要因素。

信息产业专项资金促进第三产业劳动报酬提升0.1502%。主要源于信息产业专项资金直接促进信息通信业、信息服务业的劳动报酬的快速增长，进而带动整体服务业的劳动报酬增长。但是由于上海服务业规模较大，占经济比重高达72%，信息通信业、信息服务业占服务业比重相对较低，导致第三产业劳动报酬增长率低于第二产业。由于信息产业专项资金重点支持人工智能等新型创新应用，带动其他服务业劳动生产率提升，进而提高劳动报酬。其中，金融业劳动报酬增长0.1840%，物流业劳动报酬增长0.1664%。

3. 信息产业专项资金对资源利用效率有正向的促进作用

信息产业专项资金应用使得第一产业资源消耗增加0.1187%，与第一产业产出保持一致。也就是说，信息产业专项资金更多对信息产业本身产生影响，对第一产业影响相对较小，第一产业资源利用效率未有明显变化。

信息产业专项资金应用使得第二产业资源消耗增加0.2069%，虽然资源消耗高于第一产业和第三产业，但是远低于产出增长率0.3043%。表明信息产业专项资金的作用下，第二产业的资源利用效率最高。

信息产业专项资金应用使得第三产业资源消耗增加0.1820%，也低于第三产业增长率0.2158%。技术进步和产业产出对第三产业资源利用效率产生积极作用，提升第三产业的资源利用效率，有利于提升服务业发展质量。

从总体来看，信息产业专项资金直接带动电子信息制造业、信息通信业、信息服务业的增长，具有明显的正向促进作用，进而带动整个经济的增长，促进上海经济转型。从产业结构来看，第二产业产出增长率高于第三产业增长率，但是由于资源利用效率提升，更多体现在产业内部发展质量提升，从而有利于经济高质量发展。同时，社会劳动报酬也有一定增加。因此，信息产业专项资金对信息产业发展、经济增长、经济转型都发挥着积极作用。

9.3 劳动力价格上涨的影响

9.3.1 模拟方案设计

随着刘易斯拐点到来，中国人口红利消失，劳动力价格上涨已经成为不争的事实。上海劳动力成本近年来整体呈现较为明显的上涨趋势，导致上海的商务成本明显高于其他地区。因此，模拟劳动力价格上涨对信息产业的影响，从而影响整体经济运行是非常有必要的。本章主要模拟劳动力价格上涨10%对经济运行系统的冲击（见图9.1）。

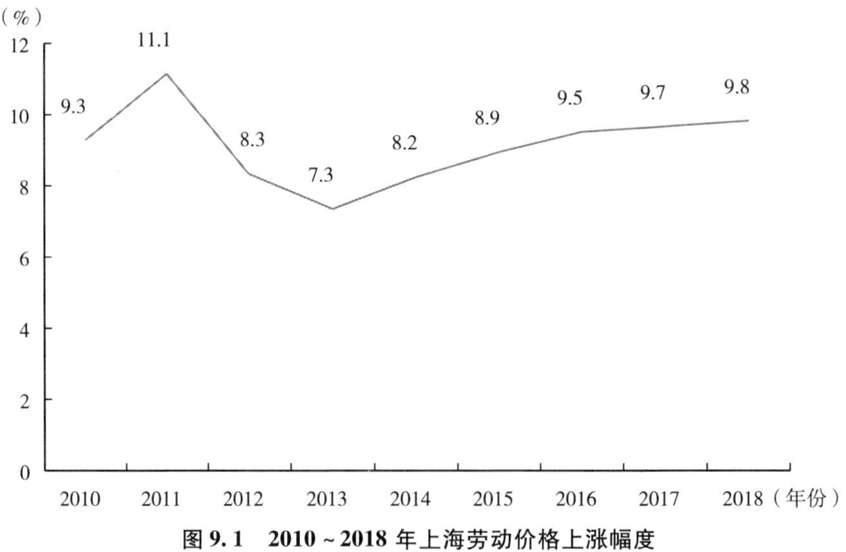

图9.1 2010~2018年上海劳动价格上涨幅度

9.3.2 模拟结果分析

通过GAMS运算，劳动力价格上涨10%对上海经济运行系统的冲击模拟结果如下表所示，数值为百分比，表示与基期总产出、劳动报酬、资源消耗相比，所发生的变化幅度（见表9-4）。

表9-4 劳动力价格上涨10%的模拟结果 单位：%

指标	总产出	劳动报酬	资源消耗
增长率	-11.0458	-22.3709	-6.8748

总体来看，单纯的劳动力价格上涨对经济运行具有非常严峻的负面效应。劳动力价格上涨看似增加居民的名义收入，但由于劳动要素成本上升导致商品价格上涨，从而削弱货币的购买力，产生了综合的复杂效应，最终导致上海市实际总产出下降11.0458%，劳动报酬下降22.3709%，资源消耗下降6.8748%。分部门的详细模拟结果如表9-5所示。

表9-5 劳动力价格上涨10%的模拟结果 单位：%

指标	总产出	劳动报酬	资源消耗
第一产业	18.0146	5.8838	18.4614
第二产业	-3.0271	-12.7404	-3.6374
第三产业	-17.4541	-24.1648	-16.9516
金融业	-19.9152	-27.3967	-18.5999
物流业	-18.8240	-27.0538	-16.3372

在与经济转型的关系方面，纵观模拟结果数据，我们可以发现有如下现象：

1. 劳动力价格上涨对服务业产出影响最大

劳动力价格上涨促进第一产业产出增加18.0146%。主要由于第一产业属于刚需，总需求变化不大，上海对农业的需求正处于从“吃得上”向“吃得好”转变，更多在于提升消费质量。因此，对于劳动力价格上涨更多影响商品价格，而消费量受影响较少，从而导致产出增加。

劳动力价格上涨导致第二产业产出下降3.0271%，呈现一定下降幅度。第二产业成本主要受原材料成本、土地成本、劳动成本等综合因素影响，与服务业相比，劳动力成本占制造业成本相对较低。因此，对第二产业的产出影响冲击低于对第三产业的产出影响。

劳动力价格上涨导致第三产业产出下降17.4541%，受到冲击最大。主要原因是劳动要素是服务业的关键要素，劳动力成本上升大幅增加企业运营成本，压缩企业利润，从而导致企业生存压力加大，不利于服务业成长。金融业、物流业受到劳动成本上涨冲击更大，劳动力成本上升10%，金融业产出下降19.9152%，物流业产出下降18.8240%。

2. 劳动力价格上涨导致劳动报酬占比下降

劳动力价格上涨促使第一产业劳动报酬增加5.8838%，第一产业劳动报酬增长率远低于产出增长率。与其他两大产业相比，影响程度稍低一些。主要是上海的农业相对薄弱，与第二、第三产业相比，劳动要素供应依赖较为“刚性”，随着劳动力价格上涨，劳动报酬也呈一定上涨态势。

劳动力价格上涨导致第二产业劳动报酬下降12.7404%。第二产业劳动报酬增长率和产出增长率相差大，劳动力价格上涨导致产出减少，劳动力需求减弱，从总体来看，对劳动力报酬存在不利影响。

劳动力价格上涨导致第三产业劳动报酬下降24.1648%，受到的冲击最为严重。第三产业是劳动密集型产业，劳动力成本是企业运营成本的重要组成部分，受劳动力价格上涨冲击最重。而且劳动报酬下降幅度远高于产出下降幅度，对服务业的长远发展存在严重威胁。同时，在劳动力成本增加10%情况下，金融业、物流业的劳动报酬也受到严重冲击，分别下滑27.3967%、27.0538%。

3. 劳动力价格上涨使得资源消耗下降

劳动力价格上涨引起第一产业资源消耗上升18.4614%。劳动力价格上涨对第一产业资源消耗增加，主要源于产业产出攀升。主要由于第一产业属于“刚需”，典型的劳动密集型产业，劳动力价格上涨刺激劳动要素参与积极性，从而大幅提高第一产业产出，同时也提高水、电、燃气等资源消耗。

劳动力价格上涨引起第二产业的资源消耗下降3.6374%，与产出下降幅度基本一致。长期以来，工业是资源消耗的重头戏，劳动力价格上涨导致制造业成本上升，充分竞争导致制造业利润单薄，产出下降，进而导致资源消耗下降。

劳动力价格上涨导致第三产业资源消耗下降16.9516%。虽然第三产业资源消耗大幅下降，但是由于产出下降幅度与资源消耗下降幅度基本一致，资源利用效率并未有显著提升。主要是由于服务业的“服务产品一体化”特征，劳动力价格上涨导致服务业产出下降，进而降低资源消耗。其中金融业、物流业的资源消耗分别下降18.5999%、16.3372%。

总体来看，劳动力价格上涨对整体经济运行影响非常不利影响，不利于经济转型和高质量发展。劳动作为经济增长最重要的生产要素，劳动力价格上涨引起企业成本大幅上升，导致企业向长三角甚至内陆转移，倒逼企业提升生产运营效率，但是企业运营效率提升是一个长周期过程，需要一定的时间和空间。从模拟结果来看，劳动力价格上涨并未引起产业结构升级，资源利用效率也处于下降状态，不利于经济转型和高质量发展。

9.4　政策建议

第一，加强财税等对新一代信息技术产业的扶持。新一代信息技术产业作为新兴产业，正处于产业孕育、起步阶段，容易产生市场失灵。阮建青等（2014）认为新兴产业升级一般经历数量扩张期（斯密式增长）、质量提升期（熊彼特式增长）、研发和品牌创新期三个阶段。因此，新一代信息技术产业的创新发展特别需要政策扶持。根据模拟分析，信息产业减税对经济转型具有显著的促进作用，特别是以人工智能、集成电路为代表的新一代信息技术产业作为信息产业的增量部分需要重点扶持。从伦敦、纽约、旧金山等城市的新一代信息技术产业发展来看，主要有两个方面：一是政府采购、财税支持等是新一代信息技术产业的直接支持；二是良好的要素环境和营商环境。在土地、人才等领域的间接支持，特别是财税政策的效应具有快速见效的作用。

第二，提高财税支出的使用效率和创新效应。在新冠肺炎疫情背景下，财政预算出现缩减，要充分发挥财政资源的使用效率。关于财税政策对创新影响有两种不同观点。第一种是认为积极的财税政策可以有效促进新一代信息产业跨越式发展。纳尔森（Nelson，1982）认为新兴产业技术创新存在显著的溢出效应，需要财政补贴、税收优惠支持技术创新。第二种是认为过多的财税政策，会导致企业产生依赖性，失去企业自主创新与独立发展的能力。一旦取消相应的财税政策，新兴产业企业将在市场中缺乏竞争力而走向衰落（Pohl，2005）。因此，科学评估信息产业相关的财政、税收政策，提高政策的创新效应，而不仅仅是经济效应。

第三，营造积极、良好的产业创新环境。人才是新一代信息技术产业创新的载体，创新是新一代信息产业占据全球制高点的灵魂。新熊彼特创新理论快速发展，更多关注区域增长的源泉—知识创造、流动、溢出、学习、重组过程中异质性和内在机制。新一代信息技术产业属于产业生命周期的初级阶段，产业成长会出现“震荡期”，呈现“增长—放缓—增长”的演化规律，创新推动和需求拉动是产业演化的主要动力（王少永等，2014）。从美国硅谷经验来看，产业集群、产业共享、人力资本“三位一体”的良性互动，集聚全球高端人才、高新技术跨国公司和创新企业等创新资源，通过自发形成和后天培育的产业共享，激发创新资源的渗透融合，产生多边良性溢出效应（聂鲲，2017）。因此，上海应当整合创新资源，建立新一代信息技术产业创新生态系统，研究创新聚集机制、竞争与共生机制、传导与扩散机制。

9.5 本章小结

本章模拟的是上海的信息产业专项资金政策和劳动力价格上涨10%对经

济运行系统的冲击。主要结论如下：一是信息产业专项资金政策有利于经济转型，有显著的促进作用。总产出增加0.2544%，其中金融、物流业增长0.1840%、0.1644%。同时，劳动报酬和资源利用效率明显提升。二是劳动力价格上涨对经济转型有着明显的负面影响。总产出下降11.0458%，特别是对第三产业冲击最大，导致第三产业下降17.4541%，劳动报酬下降22.3709%，资源利用效率降低。所以，劳动力价格过快上涨会导致上海竞争力下滑，对上海经济转型发展造成较大压力。

第 10 章

总结与展望

本书结合新型智慧城市建设和上海经济转型发展实际，围绕 CGE 模型及其应用研究的局限性，从宏观经济运行视角研究新型智慧城市建设对上海经济转型的作用。围绕研究目标，开展了 CGE 模型构建和上海经济转型 SAM 表编制，并进行 SAM 表调平方法和 CGE 模型参数估计方法研究，最后进行模拟政策仿真。

10.1 主要研究结论

本书利用 CGE 模型分析智慧城市建设投入对经济转型的影响。在新型智慧城市建设的大框架下，讨论当前智慧城市建设投入对产业结构、劳动报酬、资源利用效率的影响。本书主要研究了三个问题：一是新型信息基础设施建设投入对经济转型的影响，包括信息基础设施投资增加和信息通信业税收补贴对上海市经济转型的影响；二是新型智慧应用投入对经济转型的影响，包括政府政策引导资金和直接财政支出的经济转型效果；三是新一代信息技术产业政策对经济转型的影响，包括信息产业专项资金、劳动要素价格上升对经济转型的影响。

本书主要结论如下：

①在经济转型的关键时期，通过“新基建”政策引导电信运营商以及社

会资本增加 5G、物联网等新一代信息基础设施建设投资，短期内有利于稳定经济，但对经济转型的深入影响有一定滞后性。一方面，由于新一代信息基础设施投资大幅增加，特别是数据中心新增投资高达 120 亿元，投资乘数效应立竿见影，但由于新一代信息基础设施投资规模占上海总体投资规模比重较小，制约投资乘数效应的效果。而信息基础设施的溢出效应、网络效应对经济转型影响具有一定的滞后性，2～3 年为效应发挥的高峰期。另一方面，信息通信业税收补贴降低企业税赋负担，刺激企业加大信息基础设施投资，促进产业结构升级，增加劳动报酬，提升资源利用效率，有利于上海经济转型。

②新型智慧应用投入对上海经济转型有正向的促进作用，但投入结构对经济转型的三个方面影响各异。一方面，政策引导资金对智慧应用的投入带动社会智慧应用投资的大幅增加，对服务业的促进效应明显，有利于产业结构升级，提高劳动报酬，提升资源利用效率。另一方面，直接财政支出重点是智慧政务，但由于政府财政支出规模占比相对较少，且利用效率相对较低，对其他投资存在挤占效应，所以短期内对上海经济转型影响作用相对较小。但是智慧政务有利于改善“营商环境”，以政府采购促进人工智能等新一代智慧应用创新，需要一定周期才能显现作用。

③作为新型智慧城市的产业支撑，信息产业专项资金对信息产业有积极的正向促进作用，有利于经济转型发展。一方面，信息产业专项资金支持让竞争日益激烈的信息产业增强盈利能力，有利于信息产业发展，特别是新一代信息产业的增长，从而带动产业结构升级。另一方面，劳动价格上涨增加了信息产业的成本压力，不利于信息产业发展和产业结构升级，劳动报酬占 GDP 比值也将大幅下滑，资源消耗加剧，对上海转型产生负面影响。

10.2　研究缺点与不足

①上海贸易型商品研究有待进一步细化。本书采取“小国”假设，根据上海市 2017 年投入产出表对外地生产的上海销售商品和进口商品合并到

“流入”账户，上海生产的外地销售商品和出口商品合并的“流出”账户，囿于数据的可得性和数据的可靠性，本书直接进行了模型构建与参数估计。若进一步开展细化研究，仍有探索空间。

②智慧城市研究框架可进一步研究探索。新智慧城市的技术基础是新一代信息技术，鉴于缺乏直接的统计口径，考虑到数据的可得性和可靠性，本书采取近似的方法予以代替，比如用信息产业代替新一代信息技术产业模拟政策冲击。在基础数据缺乏的情况下，新一代信息技术产业是信息产业中的“潜力股”，是信息产业的主要增量部分，虽然有一定的代表性，但也使得新一代信息产业的研究存在一定局限。

③新常态下经济转型的衡量仍值得进一步研究。本书选取了产业结构、消费驱动（劳动报酬）、资源利用效率作为衡量指标。这样的衡量方法虽然包含了上海经济转型的主要方面，但难免不够全面，有待进一步探索。特别是新冠肺炎疫情背景下，面临以内循环为主体的经济态势，如何进一步加快新旧动能转换，促进经济高质量增长，需要进一步研究。

10.3 未来展望

本书的研究只是初步的，以下几个方面尚需继续深入研究，笔者也会进一步深入探索。

①新型智慧城市建设问题的进一步深入研究。新型智慧城市从前期的“应用化”研究到“学术化”理论研究日益受到重视，许庆瑞院士（2012）、王要武教授（2012）等在《管理工程学报》等高质量杂志上发表。而新型智慧城市的理论研究仍属于前期阶段，人工智能等新一代信息技术促进新型智慧城市的颠覆性创新，面对纷繁复杂的应用场景，新技术、新应用、新模式层出不穷，需要进一步研究的问题还有很多。

②CGE 模型中方程选择和参数估计仍有进一步优化空间。CGE 模型的函数方程选择不仅需要考虑方程的有效性，还要考虑到参数估计的支撑性。比如统计数据选取和估计方法的优化。大多数的 CGE 模型都没有很好地解

决这一问题，也是CGE模型受到诟病的原因之一。因此，参数估计的准确性和稳健性值得继续深入研究。

③经济转型问题需要进一步研究。长期以来，经济转型相关研究比较薄弱，大多是针对计划经济时代向市场经济转型的体制转型研究。然而在资源环境约束、经济增长乏力的背景下，除产业结构、资源利用效率等内容外，如何提升产业内部的高质量发展，以结构调整为主轴的经济转型研究仍需要进一步深入。

附　　录

附录1　模型参数

α_a^A　总产出的效率参数

δ_a^A　总产出的份额参数

ρ_a^A　总产出的弹性参数

α_a^{va}　增加值的效率参数

δ_a^{va}　增加值的份额参数

ρ_a^{va}　增加值的弹性参数

ica_{ca}　中间投入系数

sax_{ac}　活动 a 和商品 c 的分配比例

$shrg_c$　政府对商品 c 的消费比例

$shrh_c$　居民对商品 c 的消费比例

ti_h　居民所得税

ti_{ent}　企业所得税

$tbus_a$　政府对生产活动征收的生产税

$transfr_{hg}$　政府对居民的转移支付

$transfr_{eg}$　政府对企业的转移支付

$transfr_{dg}$　政府对外部区域（国内市外和国外）转移支付

$transfr_{he}$　企业对居民的转移支付

$shif_{hl}$　劳动要素禀赋中居民分配比例

$shif_{dl}$　劳动要素禀赋中外部区域（国内市外和国外）比例

$shif_{hk}$　资本要素禀赋中居民分配比例

$shif_{ek}$　资本要素禀赋中企业分配比例

$shif_{gk}$　资本要素禀赋中政府分配比例

$shif_{dk}$　资本要素禀赋中外部区域（国内市外和国外）分配比例

mpc　居民消费倾向

$shrh_c$　居民在商品支出占总支出的比例参数

附录2 模型变量

PA_a 生产活动a的产出价格

QA_a 生产活动a的产出数量

PVA_a 增值部分汇总价格

QVA_a 增值部分汇总量

$PINTA_a$ 中间投入生产活动a的价格

$QINTA_a$ 中间投入生产活动a的数量

$QINT_{ca}$ 生产活动a中商品c的数量

WL 劳动要素价格

QLD 劳动投入量

WK 资本要素价格

QKD 资本投入量

PX_c 生产活动产出QX商品c折算价格

QX_c 生产活动产出QX商品c折算数量

PQ_c 上海市内商品c的价格

QQ_c 上海市内商品c的数量

PSA_c 上海生产本地销售商品价格

QSA_c 上海生产本地销售商品数量

PWA_c 上海生产调出商品价格

QWA_c 上海生产调出商品数量

PSC_c 上海生产本地销售商品价格

QSC_c 上海生产本地销售商品数量

PWC_c 外部调入商品价格

QWC_c 外部调入商品数量

YH 居民收入

$YENT$ 企业收入

YG　政府收入

ENTSAV　企业储蓄

QLSAGG　劳动要素供应

QKSAGG　资本要素供应

QH_c　居民对商品 c 的需求总额

EG　政府支出

QG　政府消费量

PGDP　GDP 名义价格

GDP　国内生产总值

GSAV　政府净储蓄

附录3　上海2019年微观SAM表

账户	ACT1	ACT2	ACT3	ACT4	ACT5
ACT1					
ACT2					
ACT3					
ACT4					
ACT5					
ACT6					
ACT7					
ACT8					
ACT9					
COM1	589 539	51	1 303 439	2 197	9 156
COM2	64 795	8 619 232	16 650 070	678 856	624 226
COM3	987 098	4 107 279	225 157 226	8 312 276	3 982 299
COM4	1 337	3 786	6 793 530	33 479 883	67 708
COM5	33 577	230 735	9 358 088	623 623	8 414 859
COM6	89 994	753 199	13 457 992	599 417	1 149 398
COM7	201 576	227 713	37 946 803	3 582 899	27 440 963
COM8	5 405	2 692	147 594	804	1 174 140
COM9	3 669	4 057	188 326	14 536	2 467 057
LAB	131 363	555 709	23 161 237	1 622 115	8 815 090
CAP	337 700	2 803 800	53 546 347	3 450 727	30 730 919
HH					
ENT					
GOV					
BUS	6 989	712 142	21 506 586	985 229	5 043 397
INV					
ROW					
TAR					
TOTAL	2 453 041	18 020 393	409 217 239	53 352 561	89 919 213

续表

账户	ACT6	ACT7	ACT8	ACT9	COM1
ACT1					2 453 041
ACT2					
ACT3					
ACT4					
ACT5					
ACT6					
ACT7					
ACT8					
ACT9					
COM1	22 467	1 106 501	3 016	9	
COM2	2 283 515	5 392 233	166 150	33 310	
COM3	11 667 785	55 867 291	1 066 531	96 915	
COM4	161 506	1 567 559	95 040	2 783 725	
COM5	1 103 740	20 541 621	600 767	920 323	
COM6	32 621 685	15 314 007	23 359	216 792	
COM7	7 645 981	112 122 053	3 367 720	2 786 284	
COM8	85 426	514 804	2 162 594	3 040 051	
COM9	200 682	551 132	1 085 849	7 208 566	
LAB	2 918 767	123 852 101	782 121	1 734 676	
CAP	7 307 184	56 391 328	2 854 789	5 170 334	
HH					
ENT					
GOV					
BUS	938 982	24 239 305	359 470	1 594 793	
INV					
ROW					10 632 374
TAR					523 170
TOTAL	66 957 721	417 459 934	12 567 404	25 585 779	13 608 586

续表

账户	COM2	COM3	COM4	COM5	COM6
ACT1					
ACT2	18 020 393				
ACT3		409 217 239			
ACT4			53 352 561		
ACT5				89 919 213	
ACT6					66 957 721
ACT7					
ACT8					
ACT9					
COM1					
COM2					
COM3					
COM4					
COM5					
COM6					
COM7					
COM8					
COM9					
LAB					
CAP					
HH					
ENT					
GOV					
BUS					
INV					
ROW	18 966 911	348 889 459	69 889 144	17 106 365	49 256 967
TAR	960 545	15 509 721	3 436 006	865 144	2 413 352
TOTAL	37 947 848	773 616 418	126 677 711	107 890 722	118 628 040

续表

账户	COM7	COM8	COM9	LAB	CAP
ACT1					
ACT2					
ACT3					
ACT4					
ACT5					
ACT6					
ACT7	417 459 934				
ACT8		12 567 404			
ACT9			25 585 779		
COM1					
COM2					
COM3					
COM4					
COM5					
COM6					
COM7					
COM8					
COM9					
LAB					
CAP					
HH				95 396 431	29 713 799
ENT					118 940 907
GOV					7 766 149
BUS					
INV					
ROW	115 736 967	5 912 242	15 360 457	68 176 747	6 172 273
TAR	5 902 643	313 029	708 757		
TOTAL	539 099 545	18 792 674	41 654 993	163 573 179	162 593 128

续表

账户	HH	ENT	GOV	BUS	INV
ACT1					
ACT2					
ACT3					
ACT4					
ACT5					
ACT6					
ACT7					
ACT8					
ACT9					
COM1	8 218 507		1 005 824		(2 757)
COM2	3 288 131				100 896
COM3	38 594 993				53 470 240
COM4	1 726 021				1 414 328
COM5	21 052 304		4 046		
COM6	4 578 462		460 425		290 858
COM7	58 921 688		100 413 122		44 273 808
COM8	2 832 612				1 398 708
COM9	780 999				13 206 927
LAB					
CAP					
HH		3 834 648	56 090 058		
ENT			28 841		
GOV	15 093 338	37 450 113		55 386 893	2 619 854
BUS					
INV	29 947 881	77 684 987	(9 053 600)		
ROW					
TAR					
TOTAL	185 034 936	118 969 749	148 948 716	55 386 893	116 772 864

续表

账户	ROW	TAR	TOTAL
ACT1			2 453 041
ACT2			18 020 393
ACT3			409 217 239
ACT4			53 352 561
ACT5			89 919 213
ACT6			66 957 721
ACT7			417 459 934
ACT8			12 567 404
ACT9			25 585 779
COM1	1 350 639		13 608 586
COM2	46 434		37 947 848
COM3	370 306 485		773 616 418
COM4	78 583 290		126 677 711
COM5	45 007 038		107 890 722
COM6	49 072 453		118 628 040
COM7	140 168 934		539 099 545
COM8	7 427 844		18 792 674
COM9	15 943 193		41 654 993
LAB			163 573 179
CAP			162 593 128
HH			185 034 936
ENT			118 969 749
GOV		30 632 368	148 948 716
BUS			55 386 893
INV	18 193 595		116 772 864
ROW			726 099 907
TAR			30 632 368
TOTAL	726 099 907	30 632 368	

参考文献

[1] 白重恩，钱震杰．谁在挤占居民的收入——中国国民收入分配格局分析［J］．中国社会科学，2009（5）：139－168.

[2] 卜凤菊．银行信息技术投资的成本收益分析［D］．济南：山东大学，2010.

[3] 蔡昉．人口转变、人口红利与刘易斯转折点［J］．经济研究，2010（4）：4－13.

[4] 蔡洪旺，左鹏飞．信息化对中国产业结构升级影响分析——基于省级面板数据的空间计量研究［J］．经济评论，2017（1）：80－89.

[5] 蔡琳．经济转型中制造业FDI技术溢出效应研究［D］．济南：山东大学，2010.

[6] 蔡跃洲，陈楠．新技术革命下人工智能与高质量增长、高质量就业［J］．数量经济技术经济研究，2019（5）：3－22.

[7] 蔡跃洲．财政支持“三农”政策效应的CGE模拟分析［J］．财经研究，2007，33（5）：96－104.

[8] 曹静，周亚林．人工智能对经济的影响研究进展［J］．经济学动态，2018（1）：103－115.

[9] 陈亮，李杰伟，徐长生．信息基础设施与经济增长基于中国省际数据分析［J］．管理科学，2011，24（1）：100－109.

[10] 陈亮，李杰伟，徐长生．信息基础设施与经济增长——基于中国省际数据分析［J］．管理科学，2011，24（1）：98－107.

[11] 陈霞．中国电信业对国民经济的贡献及贡献可持续性研究［D］．北京：北京邮电大学，2007.

[12] 丁志帆. 数字经济驱动经济高质量发展的机制研究：一个理论分析框架 [J]. 现代经济探讨，2020 (1)：85-92.

[13] 丁梓楠. 基于不同产业劳动报酬差异研究 [D]. 沈阳：辽宁大学，2009.

[14] 段志刚，冯珊，岳超源. 基于CGE模型的所得税改革效应分析——以广东为例 [J]. 系统工程学报，2005，20 (2)：185-193.

[15] 段志刚. 中国省级区域可计算一般均衡建模与应用研究 [D]. 武汉：华中科技大学，2004.

[16] 樊丽淑. 中国经济转型时期地区间农民收入差异研究 [D]. 杭州：浙江大学，2004.

[17] 范前进，孙培源，唐元虎. 公共基础设施投资对区域经济影响的一般均衡分析 [J]. 世界经济，2004 (5)：58-62.

[18] 范前进，孙培源，唐元虎. 公共基础设施投资对区域经济影响的一般均衡分析 [J]. 世界经济，2004 (5)：59-63.

[19] 方针. 用户信息技术接受的影响因素模型与实证研究 [D]. 上海：复旦大学，2005.

[20] 高坚，汪雄鉴. 中国基础设施投资政策对经济增长的影响 [M]. 北京：北京大学出版社，2008.

[21] 郭朝先，王嘉琪，刘浩荣. "新基建"赋能中国经济高质量发展的路径研究 [J]. 北京工业大学学报（社会科学版），2020，20 (6)：31-39.

[22] 郭美晨，杜传忠. ICT提升中国经济增长质量的机理与效应分析 [J]. 统计研究，2019，36 (3)：3-16.

[23] 郭梅君. 创意产业发展与中国经济转型的互动研究 [D]. 上海：上海社会科学院，2011.

[24] 郭敏. 信息技术：产业结构优化的推进器 [J]. 图书情报工作，2004，48 (3)：39-42.

[25] 郭庆宾，张本金. R&D溢出路径及其效果——一个国外研究综述 [J]. 工业技术经济，2002 (12)：144-149.

[26] 郭庆旺，贾俊雪. 基础设施投资的经济增长效应 [J]. 经济理论

与经济管理，2006（3）：36－41.

[27] 何力武，夏海南．基础设施投资的作用机理和效应分析［J］．理论前沿，2010（9）：37－41.

[28] 何伟，夏莘栋．信息化与中国产业结构优化［J］．重庆邮电学院学报，2006（5）：684－685.

[29] 何志强．自贸区对上海四个中心建设影响的实证研究［D］．上海：上海财经大学，2020.

[30] 贺菊煌，沈可挺，徐嵩龄．碳税与二氧化碳减排的CGE模型［J］．数量经济技术经济研究，2002（10）：37－47.

[31] 胡汉辉，邢华．产业融合理论以及对我国发展信息产业的启示［J］．中国工业经济，2003（2）：23－29.

[32] 胡志强．高新技术对我国产业结构变化影响的量化研究［J］．科学学与科学技术管理，2005（4）：89－94.

[33] 胡宗义，韩婉莹．大型飞机项目对我国宏观经济及各产业影响的CGE研究［J］．湖南大学学报（自然科学版），2009，36（8）：88－92.

[34] 黄卫来，张子刚．CGE模型参数的标定及稳健性分析［J］．数量经济技术经济研究，1997（12）：45－48.

[35] 江小涓．产业结构优化升级：新阶段和新任务［J］．财贸经济，2005（4）：3－9，71，96.

[36] 姜卫民，范金，张晓兰．中国"新基建"：投资乘数及其效应研究［J］．南京社科科学，2020（4）：20－31.

[37] 姜忠辉．论高新技术对中国产业结构升级的促进作用［J］．科技与管理，2001（4）：73－75.

[38] 金江军，刘古权，杨汉东．信息化与区域经济发展：推进地方信息化与工业化深度融合［M］．北京：经济管理出版社，2011.

[39] 荆文君，孙宝文．数字经济促进经济高质量发展：一个理论分析框架［J］．经济学家，2019（2）：66－73.

[40] 景维民．转型经济的阶段性及其划分——一个初步的分析框架［J］．河北经贸大学学报，2008，19（5）：5－10.

[41] 柯玲．区域信息产业与经济增长的关系 [J]．西南交通大学学报，2009，44 (5)：794－798.

[42] 雷小清．信息通信技术对服务业“成本病”的影响研究——基于OECD 国家生产率的增长核算分析 [J]．财经论丛，2011 (4)：16－21.

[43] 李博，胡进．中国产业结构优化升级的测度和比较分析 [J]．管理科学，2008，21 (2)：85－93.

[44] 李红松．我国经济增长与就业弹性问题研究 [J]．财经研究，2003，29 (4)：23－27.

[45] 李健，张春梅，李海花．智慧城市及其评价指标和评估方法研究 [J]．电信网技术，2012 (1)：1－5.

[46] 李江帆，曾国军．中国第三产业内部结构升级趋势分析 [J]．中国工业经济，2003 (3)：34－39.

[47] 李科，马超群，葛凌．区域经济体可计算一般均衡模型的研究与应用 [J]．系统工程理论与实践，2008 (5)：55－63.

[48] 李坤望，邵文波，王永进．信息化密度、信息基础设施与企业出口绩效——基于企业异质性的理论与实证分析 [J]．管理世界，2015 (4)：52－65.

[49] 李强．基础设施投资与经济增长的关系研究 [J]．改革与战略，2010 (9)：47－49.

[50] 李善同，翟凡，徐林．中国加入世界贸易组织对中国经济的影响——动态一般均衡分析 [J]．世界经济，2000 (3)：8－18.

[51] 廖荣俊．基于信息化的产业结构升级机制研究 [D]．杭州：浙江大学，2010.

[52] 林进智，任佩瑜．信息技术促进低碳经济的对策研究 [J]．科技与经济，2011，24 (2)：59－63.

[53] 林志帆，赖艳，徐蔓华．货币扩张、资本深化与劳动收入份额下降——理论模型与跨国经验证据 [J]．经济科学，2015 (5)：30－43.

[54] 刘春梅．信息产业对经济增长质量的影响研究及实证分析 [D]．北京：北京邮电大学，2003.

[55] 刘虹涛，靖继鹏．信息技术对传统产业结构影响分析 [J]．情报科学，2002，20 (3)：333 - 336.

[56] 刘辉群．我国第三产业就业效应新论 [J]．重庆工商大学学报（西部论坛），2005，15 (3)：91 - 94.

[57] 刘克逸．产业信息化对我国产业结构升级的作用及政策取向[J]．软科学，2003，17 (1)：27 - 38.

[58] 刘生龙，胡鞍钢．基础设施的外部性在中国的检验：1998 ~ 2007 [J]．经济研究，2010 (3)：4 - 15.

[59] 刘修岩．集聚经济、公共基础设施与劳动生产率——来自中国城市动态面板数据的证据 [J]．财经研究，2010，36 (5)：91 - 102.

[60] 刘宇．电信业与区域经济互动关系的证实研究 [J]．科技进步与对策，2006 (4)：91 - 94.

[61] 刘宇．中国电信业经济影响的定量研究方法——兼论投入产出表的调整 [J]．数量经济技术经济研究，2006，10 (6)：98 - 105.

[62] 吕铁，周叔莲．中国的产业结构升级与经济增长方式转变 [J]．管理世界，1999 (1)：113 - 125.

[63] 骆永民．基础设施投资效率的空间溢出与门限效应研究 [J]．统计与信息论坛，2011，26 (3)：81 - 86.

[64] 马国旺，李焙尧．中国资本深化对劳动报酬份额的影响分析 [J]．江西社会科学，2020 (2)：71 - 81，254 - 255.

[65] 马健．信息产业融合与产业结构升级 [J]．产业经济研究，2003 (2)：37 - 42.

[66] 马生全，张忠辅，曹颖轶．西北少数民族地区信息化建设投入对经济增长的作用研究方法初探 [J]．经济数学，2003，20 (1)：63 - 67.

[67] 马艳，严金强，李真．产业结构与低碳经济的理论与实证分析 [J]．华南师范大学学报（社会科学版），2010 (5)：119 - 123.

[68] 牛鸿蕾，江可申．产业结构调整的低碳效应测度 [J]．产业经济研究，2012 (1)：62 - 69.

[69] 庞军．奥运投资对北京市的环境与经济影响 [D]．北京：中国人

民大学，2005.

[70] 庞军. 奥运投资对北京市的环境与经济影响——基于动态区域CGE模型的模拟分析 [D]. 北京：中国人民大学，2012.

[71] 庞智强，王必达. 资源枯竭地区经济转型评价体系研究 [J]. 统计研究，2012，29 (2)：73-79.

[72] 逄金玉. "智慧城市"——中国特大城市发展的必然选择 [J]. 城市与区域经济，2011 (12)：74-78.

[73] 彭惠，曾梁杰. 通信业对区域经济增长的直接和间接影响——基于第三产业发达程度分析 [J]. 北京邮电大学学报（社会科学版），2012，14 (1)：81-87.

[74] 彭义兵. 企业信息技术投资与研发流程绩效的关系研究 [D]. 武汉：华中科技大学，2008.

[75] 齐天宇，张希良，何建坤. 全球能源经济可计算一般均衡模型研究综述 [J]. 中国人口·资源与环境，2016，26 (8)：42-48.

[76] 齐晓云. 信息技术融合及其对组织绩效影响的实证研究 [D]. 长春：吉林大学，2011.

[77] 权衡，徐铮. 收入分配差距的增长效应分析：转型期中国经验 [J]. 管理世界，2002 (5)：47-54.

[78]〔日〕植草益. 信息通讯业的产业融合 [J]. 中国工业经济，2001 (2)：24-27.

[79] 阮杨，陆铭，陈钊. 经济转型中的就业重构与收入分配 [J]. 管理世界，2002 (11)：50-56.

[80] 单豪杰. 中国资本存量K的再估算：1952～2006年 [J]. 数量经济技术经济研究，2008 (10)：17-32.

[81] 史修松，徐康宁. 模块化视角下企业边界动态演进分析 [J]. 软科学，2006，20 (6)：137-141.

[82] 舒元，王曦. 构造我国经济转型的量化指标体系：关于原则和方法的思考 [J]. 管理世界，2002 (4)：16-22.

[83] 宋辉，李强. 从投入产出模型看科技进步对中国产业结构升级的

影响 [J]. 数量经济技术经济研究，2003，10 (1)：103 – 107.

[84] 孙凤. 中国居民的不确定性分析 [J]. 南开经济研究，2002 (2)：58 – 63.

[85] 孙景宇. 国际维度下的经济转型 [J]. 北京：经济科学出版社，2007 (5)：70 – 75.

[86] 谭莹，赵汴. 信息化对服务业增长影响的实证研究 [J]. 商业时代，2009 (13)：13 – 23.

[87] 唐德祥，孟卫东. R&D 与产业结构优化升级——基于我国面板数据模型的经验研究 [J]. 科技管理研究，2008 (5)：85 – 89.

[88] 田海峰. 信息产业发展与我国产业结构升级 [J]. 重庆社会科学，2003 (3)：20 – 23.

[89] 汪斌，余冬筠. 中国信息化的经济结构效应分析 [J]. 中国工业经济，2004 (7)：21 – 28.

[90] 王灿，陈吉宁，邹骥. 基于 CGE 模型的 CO_2 减排对中国经济的影响 [J]. 清华大学学报 (自然科学版)，2005，45 (12)：1621 – 1624.

[91] 王宏伟. 信息产业与中国经济增长的实证分析 [J]. 中国工业经济，2009 (11)：66 – 76.

[92] 王静. 中国知识密集型服务业就业效应测度研究 [J]. 中国科技论坛，2008 (3)：52 – 59.

[93] 王军. 信息服务业对上海经济影响的 CGE 建模研究 [D]. 上海：上海财经大学，2010.

[94] 王腊芳. 钢铁产业发展与优化的动态可计算一般均衡研究 [D]. 长沙：湖南大学，2008.

[95] 王梅英，王玮. 信息化对区域经济影响的数理分析 [J]. 数理统计与管理，2004，3 (2)：41 – 45.

[96] 王任飞，王进杰. 基础设施与中国经济增长：基于 VAR 方法的研究 [J]. 世界经济，2007 (3)：13 – 21.

[97] 王帅，周明生. 信息基础设施建设、产业集聚与经济增长——基于中介效应模型的实证分析 [J]. 上海经济，2018 (5)：5 – 18.

［98］王炜，张豪，王丰．信息基础设施、空间溢出与城市全要素生产率［J］．经济经纬，2018，35（5）：44－50.

［99］王小鲁，樊纲，刘鹏．中国经济增长方式转换和增长可持续性［J］．经济研究，2009（1）：4－16.

［100］王欣．信息产业发展机理及测度理论与方法研究［D］．长春：吉林大学，2008.

［101］王要武，吴宇迪．智慧建设理论与关键技术问题研究［J］．科技进步与对策研究，2012，29（18）：13－16.

［102］王岳平．产业技术升级与产业结构调整关系研究［J］．宏观经济研究，2005（5）：32－37.

［103］温池洪．信息化对企业竞争能力的影响机理与信息化战略选择［D］．长春：吉林大学，2010.

［104］魏杰．中国经济转型［M］．北京：中国发展出版社出版，2011.

［105］魏君英．服务业信息化的就业效应实证研究［J］．技术经济与管理研究，2011（12）：110－113.

［106］魏巍贤．基于CGE模型的中国能源环境政策分析［J］．统计研究，2009，26（7）：3－12.

［107］魏作磊．对第三产业发展带动我国就业的实证分析［J］．财贸经济，2004（3）：80－85.

［108］吴静，王铮，熊文．信息化设施水平对我国产业发展的影响分析［J］．工业技术经济，2008，27（7）：113－118.

［109］吴凯，范从来．劳动收入份额的驱动因素研究——基于1993年至2017年数据的LMDI分解［J］．世界经济与政治论坛，2019（1）：147－167.

［110］吴淑玲．基于服务业结构调整及路径选择的就业效应研究——以青岛市为例［D］．天津：天津大学，2011.

［111］谢康．中国企业的信息需求与信息化投资模式［J］．管理世界，2000（3）：96－103.

［112］谢小可，唐守廉．我国信息资源产业及其分行业全要素生产率研

究［J］. 经济经纬，2014，31（1）：96－100.

［113］徐盈之，孙剑. 信息产业与制造业的融合——基于绩效分析的研究［J］. 中国工业经济，2009（7）：56－66.

［114］许庆瑞，吴志岩，陈力田. 智慧城市的愿景与架构［J］. 管理工程学报，2012，26（4）：1－4.

［115］薛绯，曹如中，高长春. 发展创意产业对经济转型的作用机制研究［J］. 科技管理研究，2011（23）：35－38.

［116］严斌剑，范金. 中国 CGE 模型宏观闭合的实证检验［J］. 统计研究，2009，26（2）：80－88.

［117］杨宏伟，宛悦，增井利彦. 可计算一般均衡模型的建立及其在评价空气污染健康效应对国民经济影响中的应用［J］. 环境与健康杂志，2005，22（3）：166－170.

［118］杨洪晶. 中国产业结构变动对能源消费影响的研究［D］. 沈阳：辽宁大学，2011.

［119］杨新铭. 数字经济：传统经济深度转型的经济学逻辑［J］. 深圳大学学报（人文社会科学版），2017，34（4）：101－104.

［120］尹海洁. 信息化的发展与中国产业结构及劳动力结构的变迁［J］. 中国软科学，2002（6）：116－118.

［121］于光. 矿业城市经济转型理论与评价方法研究［D］. 徐州：中国矿业大学，2007.

［122］余东华，李捷. 人力资本积累、有效劳动供给与制造业转型升级——基于信息网络技术扩散的视角［J］. 经济科学，2019（2）：79－91.

［123］原鹏飞. 房地产价格波动对宏观经济影响的一般均衡分析［D］. 厦门：厦门大学，2009.

［124］张安. 信息产业对国民经济发展影响研究［D］. 哈尔滨：哈尔滨工程大学，2006.

［125］张诚，董佺. 网络效应、信息技术与服务业跨国公司客户管理［J］. 财贸研究，2005（6）：95－99.

［126］张聪慧，郭伟，马可. 信息技术投资对企业绩效的影响［J］. 工

业工程，2008，11（6）：107－112.

［127］张聪慧．企业信息化投资决策风险管理与效益研究［D］．天津：天津大学，2009.

［128］张光南，李小瑛，陈广汉．中国基础设施的就业、产出和投资效应［J］．管理世界，2010（4）：5－13.

［129］张光南，李小瑛，陈广汉．中国基础设施的就业、产出和投资效应——基于1998～2006年省际工业企业面板数据研究［J］．管理世界，2010（4）：5－13.

［130］张红历，周勤，王成璋．信息技术、网络效应与区域经济增长：基于空间视角的实证分析［J］．中国软科学，2010（10）：113－123.

［131］张晖明，丁娟．论技术进步、技术跨越对产业结构调整的影响［J］．复旦学报，2004（3）：82－85.

［132］张军，章元．对中国资本存量K的再估计［J］．经济研究，2003（7）：25－43.

［133］张晓毅，王明益．劳动报酬提高、价值链地位与中国出口产品质量升级［J］．首都经济贸易大学学报，2019，21（1）：50－59.

［134］张欣．可计算一般均衡模型的基本原理与编程［M］．上海：格致出版社，2010.

［135］张阳．中国企业所得税税负归宿的CGE分析［J］．CES会议论文，2006.

［136］张友国，郑玉歆．中国排污收费征收标准改革的一般均衡分析［J］．数量经济技术经济研究，2005（5）：3－16.

［137］张之光，于睿，史耀波．信息技术投资与中国经济增长：基于向量自回归模型的分析［J］．系统工程，2014，32（5）：75－81.

［138］赵永，王劲峰．经济分析CGE模型与应用［M］．北京：中国经济出版社，2008.

［139］郑玉歆，樊明太．中国CGE模型及政策分析［M］．北京：社会科学文献出版社，1999（4）：25－30.

［140］钟根元，王方华．信息技术、经济增长与劳动生产率增长［J］．

管理工程学报，2005，19（4）：13－18.

［141］周叔莲，王伟光．科技创新与产业结构优化升级［J］．管理世界，2001（5）：70－89.

［142］庄雷，王云中．中国区域信息网络基础设施投资效应的实证研究［J］．技术经济，2015，34（4）：23－29.

［143］Acemoglu D. Directed Technical Change［J］. Review of Economic Studies，2002，69（4）：781－809.

［144］Alcantara，V. and E. Padilla. Input-output Subsystems and Pollution：an Application to the Service Sector and CO_2 Emissions in Spain［J］. Ecological Economics，2009，49（3）：861－877.

［145］Alcantud J，Mehta G. Constructive Utility Functions on Banach Spaces［J］. Journal of Mathematical Analysis and Applications，2009，350（2）：590－600.

［146］Allwinkle S，Cruickshank P. Creating Smarter Cities：an Overview［J］. Journal of Urban Technology. 2011，18（2）：1－16.

［147］Arrow K J，Chenery H B，Minhas B S，Solow R M. Capital－Labor Substitution and Economic Efficiency［J］. The Review of Economics and Statistics，1961，43（3）：225－250.

［148］Aschauer D A. Is Public Expenditure Productive［J］. Journal of Monetary Economics，1989（23）：177－200.

［149］Bergman，L. Energy and Environmental Constraints on Growth：a CGE Modeling Approach［J］. Journal of Policy Modeling，1990，12（4）：671－691.

［150］Berry C R，Glaeser E L. The Divergence of Human Capital Levels Across Cities［J］. Papers in Regional Science，2005，84（3）：407－444.

［151］Dao M Q. Factor Endowment，Human Capital，and Inequality in Developing Countries［J］. Journal of Economic Studies，2013，40（1）：98－106.

［152］Deakin M，AI Waer H. From Intelligent to Smart Cities［J］. Intelligent Buildings International，2011，3（3）：140－152.

[153] Deb K, Agrawal S, Pratap A, et al. A Fast Elitist Nondominated Sorting Genetic Algorithm for Multi – objective Optimization: NSGA – Ⅱ [C]. Proc of the Parallel Problem Solving from Nature Vl Conf, Paris, 2000: 849 – 858.

[154] Decaluwe, B. and F. Nsengiyumva. Policy Impact under Credit Rationing: a Real and Financial CGE of Rwanda [J]. Journal of African Economies, 1994, 3 (2): 47.

[155] De Melo, J. Computable General Equilibrium Models for Trade Policy Analysis in Developing Countries: a Survey [J]. Journal of Policy Modeling, 1988 (10): 456 – 503.

[156] Devarajan S. and D. Go. The Simplest Dynamic General – Equilibrium Model of an Open Economy [J]. Journal of Policy Modeling, 1998, 20 (6): 677 – 714.

[157] Dixon P B, B. R. Parmenter, et al. CGE Models for Practical Policy Analysis: The Australian Experience Policy Evaluation With Computable General Equilibrium Models [M]. London: Routledge, 2002.

[158] Dixon P. B., P. B. R., M. T. Rimmer. CGE Models for Practical Policy Analysis: The Australian Experence [M]. London: Routledge, 2002.

[159] Donald J H. Structural Change and Economic Growth: A Review Article [J]. Contributions to Political Economy, 2001, 1 (1): 25 – 45.

[160] Edward J. Balistreri, C. A. M., Eina Vivian Wong. An Estimation of US Industry-level Capital-labor Substitution Elasticities: Support for Cobb – Douglas [J]. North American Journal of Economics and Finance, 2003: 26.

[161] Ezaki M. Computable General Equilibrium Approaches in Urban and Regional Policy Studies [M]. Hackensack, NewJersey: World Scientific, 2006: 9 – 23.

[162] Fan S G, Zhang X B, Robinson S. Structural Change and Economic Growth in China [J]. Review of Development Economics, 2003, 7 (3): 360 – 377.

[163] Friedmann J. The World City Hypothesis [J]. Development and Change, 2008, 17 (1): 69 - 83.

[164] Go D S, Lofgren H, Ramos F M. Estimating Parameters and Structural Change in CGE Models Using A Bayesian Cross - entropy Estimation Approach [J]. Economic Modelling, 2016, 52 (1): 790 - 811.

[165] Gollin D. Getting Income Shares Right [J]. Journal of Political Economy, 2002: 458 - 474.

[166] Griffith R, Redding S, VanReenen J. R&D and Absorptive Capacity: Theory and Empirical Evidence [J]. Journal of Economics, 2003 (1): 99 - 118.

[167] Guscina A. Effects of Globalization on Labor's Share in National Income [J]. IMF Working Paper, 2006, 6: 294.

[168] He Y X, Zhang S L, Yang L Y, Wang L Y, Wang J. Economic Analysis of Coal Price - Electricity Price Adjustment in China Based on The CGE Model [J]. Energy Policy, 2011, 38 (11): 6629 - 6637.

[169] Hollands R C. Will the Real Smart City Please Stand Up [J]. City, 2008, 12 (3): 303 - 320.

[170] Hudson E, A and J. D. W. U. S. Energy Policy and Economic Growth [J]. Bell Journal of Economics and Management Science, 1975, 5 (2): 461 - 514.

[171] Jackson R, Murray A. Alternative Input - Output Matrix Updating Formulations [J]. Economic Systems Research, 2004, 16 (2): 135 - 148.

[172] Jorgenson, Dale W. Wilcoxen, Peter J. Energy the Environment, and Economicg Growth [J]. Handbook of Natural Resource and Energy Economics, 27 (3): 1267 - 1349.

[173] Jorgenson D, HoM, Stiroh K A. Retrospective Look at the U. S. Productivity Growth Resurgence [J]. The Journal of Economic Perspectives, 2008 (1): 3 - 24.

[174] Kang M, Ye L. Advantageous Redistribution with Three Smooth Ces utility Functions [J]. Journal of Mathematical Economics, 2016, 67 (1): 171 -

180.

[175] Keith Griffin. Foreign Capital, Domestic Savings and Economic Development [J]. Bulletin of the Oxford University Institute of Economics & Statistics, 1970, 32 (2): 99 – 112.

[176] Kevin J. Stiroh. Are ICT Spillovers Driving The New Economy? [J]. Review of Income and Wealth, 2002, 48 (1): 33 – 57.

[177] Kim E. and K Kim. Impacts of Regional Development Strategies on Growth and Equity of Korea: A Multiregional CGE Model. Annals of Regional Science, 2002, 36 (1): 165 – 180.

[178] Kojima Kiyoshi. Transfer of Technology to Developing Countries – Japanese Type Versus Ameriean Type [J]. Hitotsubashi Journal of Economics, 1977 (17): 1 – 14.

[179] Komninos N. Intelligent Cities and Globalization of Innovation Networks/Nicos Komninos [M]. London: Routledge, 2008.

[180] Leon Walras L. Elements of Pure Economics: or The Theory of Social Wealth [M]. London: Routledge, 2003.

[181] Markusen J. R. Multinational Firms and The Theory of International Trade [M]. Cambridge: MIT Press, 2002.

[182] Michael Dalton, Brian O'Neill, Alexia Prskawetz, Leiwen Jiang, John Pitkin. Population Aging and Future Carbon Emissions in the United States [J]. Energy Economics, 2008 (30): 642 – 675.

[183] Nigel Patrick Melville, Information Technology Investment Impact and Industry Structure [M]. Evidence From Firms and Industries, 2001: 17.

[184] Oliner S D, Sichel D E. The Resurgence of Growth in the Late 1990s: Is Information Technology the Story? [J]. Journal of Economic Perspectives, 2000 (4): 3 – 22.

[185] P. S Armington. A Theory of Demand for Products Distinguished by Place of Production [J]. IMF Economic Review, 1969, 16 (1): 159 – 178.

[186] Roach S. Services Under Siege-the Restructing Imperative [J]. Har-

vard Business Reviews, 1991, (5): 82 -91.

[187] Robinson S. Macroeconomics, Financial Variables and Computable General Equilibrium Models [J]. World Development, 1991, 19 (11): 1509 - 1525.

[188] Roeller L H, W averm an L. Telecommunications Infrastructure and Economic Development: a Simultaneous Approach [J]. American Economic Review, 2001, 81 (4): 909 -923.

[189] Scarf H E, Hansen T. The Computation of Economic Equilibria [M]. New Haven and London: Yale University Press, 1973.

[190] Sen A K. Neo - classical and Neo - Keynessian Theories of Distribution [J]. Economic Record, 1963: 39 -46.

[191] Srinivas N, Deb K. . Multi - Objective Function Optimization Using Nondominated Sorting Genetic Algorithms [J]. Evolutionary Computation, 1995, 2 (3): 221 -248.

[192] Stone R. Multiple Classifications in Social Accounting [J]. Bulletin de l'institite International de Statistique, 1962 (39): 215 -233.

[193] Syrquin, M. and Chenery, H. B. Three Decades of Industrialization [J]. The World Bank Review, 1989 (3): 152 -153.

[194] Thirlwall A P. The Interaction Between Income and Expenditure in The Absorption Approach to The Balance of Payments [J]. Journal of Macroeconomics, 1979, 1 (2): 237 -240.

[195] Vicent Alcantara, Emilio Padilla. Input-output Subsystems and Pollution: an Application to The Service Sector and CO_2 Emissions in Spain [J]. Ecological Economics, 2009, 68 (3): 905 -914.

[196] Wassily W, Leontief. Environmental Repercussions and The Economic Structure: an Input Output Approach [J]. The Review of Economics and Statistics, 1970, 52 (3): 262 -271.

[197] Wright S, Steventon A. Intelligent Spaces-the Vision, the Opportunities and the Barriers [J]. BT Technology Journal, 2004, 22 (3): 15 -26.

[198] Wassily W, Leontief. Environmental Repercussions and The Economic Structure: an Input Output Approach [J]. The Review of Economics and Statistics, 1970, 52 (3): 262 -271.

[199] Wright S, Steventon A. Intelligent Spaces-the Vision, the Opportunities and the Barriers [J]. BT Technology Journal, 2004, 22 (3): 15 -26.